Oskar Priese

Deutsch-Gotisches Wörterbuch

Oskar Priese

Deutsch-Gotisches Wörterbuch

ISBN/EAN: 9783743485020

Hergestellt in Europa, USA, Kanada, Australien, Japan

Cover: Foto ©Paul-Georg Meister /pixelio.de

Manufactured and distributed by brebook publishing software (www.brebook.com)

Oskar Priese

Deutsch-Gotisches Wörterbuch

Deutsch-gotisches Wörterbuch

nebst einem Anhange

enthaltend

eine sachlich geordnete Uebersicht des gotischen Wortschatzes und eine Sammlung von Redensarten und Sprüchen

von

Dr. Oskar Priese,

ordentlichem Lehrer am Progymnasium zu Sobernheim.

Leipzig.
Kommissionsverlag von R. Voigtländer.
1890.

Druck von R. Voigtländer in Kreuznach.

Vorwort.

Der Verfasser hat es schon längst als eine eigentümliche Erscheinung angesehen, daß man wohl eine ganze Reihe gotisch-deutscher Wörterbücher hat, ja sogar ein griechisch-gotisches, aber noch niemand auf den Gedanken gekommen ist, einmal ein deutsch-gotisches zu schreiben. Es gibt auch eine schnell hingeworfene Bemerkung, mit der man das Müßige eines deutsch-gotischen Wörterbuches bewiesen zu haben glaubt. Man sagt: „Du mein Gott, wer übersetzt denn in das Gotische?" Diese Frage geht von dem Gedanken aus, Wörterbücher seien einzig und allein nur dazu da, um aus einer Sprache in die andere zu übersetzen. Es wäre schlimm, wenn sie nichts Besseres leisteten. Altdeutsche Wörterbücher sind mehr als Uebersetzungswerkzeuge. Es sind — um im Bilde zu reden — große Verkaufsläden, in denen die mannigfaltigsten Trachten und Gewänder ausgestellt sind, womit frühere Jahrhunderte ihre Gedanken und Begriffe umkleideten. Manches sieht anders aus als heute, und doch zeigt sich in dem Ganzen deutscher Schnitt; es tritt die deutsche Denkungsart uns entgegen und heimelt uns an.

Das bis jetzt Gesagte gilt freilich ebenso sehr von den altdeutsch-neudeutschen Wörterbüchern. Es ist aber doch sozusagen nicht ganz gleichgültig, zu welcher Seite eines Fernrohrs man hineinschaut. Oder, um mich anders auszudrücken: Es ist die schöne Aussicht, welche uns eine Bergspitze auf eine anmutige Gegend gewährt, noch kein Grund, nicht die auf entgegengesetzter Seite befindliche Höhe zu erklimmen. Wenn man auch auf dieselbe Gegend hinabschauen wird, so ergibt sich doch ein anderes, ein neues Bild. Und unsere deutsche Sprache ist gewiß ein Gegenstand, der würdig ist, von verschiedenen Seiten aus betrachtet zu werden.

Ein altdeutsch-deutsches Wörterbuch müssen wir zur Hand nehmen, wenn wir den Ulfilas, Otfrid oder Heliand lesen wollen und ein deutsch-altdeutsches Wörterbuch läßt sich hierzu nicht verwenden. Aber wie wenige lesen diese alten Werke? Auch bieten sie nicht jedem den künstlerischen Genuß, den etwa der Homer gewährt. Diese altdeutschen Sprachen sind auch nicht so gar leicht. Sie erfordern ein emsiges Studium. Und doch, sollte man meinen, möchte wohl mancher Deutsche, auch der nicht die eingehende Beschäftigung mit der deutschen Grammatik zu seiner Lebensaufgabe gemacht hat, gern einmal hören: Wie sagte denn mein Urältervater für dieses oder jenes Wort, das ich täglich im Munde führe? Diese seine Wißbegierde befriedigt ein deutsch-altdeutsches Wörterbuch.

Ein zeitweiliges Durchblättern einer solchen Wortsammlung seitens des Laien denke ich mir aber auch durchaus nicht ohne Nutzen. Es wird dadurch in ihm ein Sinn für Sprachgeschichte erweckt, und er gewinnt — was bei der Lust mit fremden Flittern zu glänzen, nur zu häufig verloren geht — die Achtung vor seiner Muttersprache wieder. Manches liebe alte Wort wird ihm um so lieber sein, wenn er sich sagen darf: Es wurde schon von den alten Deutschen gebraucht.

Daß unsere alte deutsche Sprache durch ihren Reichtum wirklich Achtung gebietet, kann so recht nur ein deutsch=altdeutsches Wörterbuch zeigen. Aus einem Wörterbuche, wo die alte Sprache vorangestellt wird, ist dies nicht ersichtlich. Man schlage nur z. B. das Wort Mann in der deutsch=gotischen Wörtersammlung nach und man wird über den Reichtum des Goten staunen, der für diesen Begriff vier verschiedene Ausdrücke hat, wo wir mit einem einzigen fürlieb nehmen. Der hieraus sich ergebende sittengeschichtliche Schluß, daß bei den alten Deutschen „der Mann noch was wert" war, ist durchaus berechtigt.

Aber auch der Sprachforscher geht bei der Durchsicht eines deutsch=altdeutschen Wörterbuches nicht leer aus. Wenn der Anblick des Reichtums der altdeutschen Sprache ihn wie den Laien erfreut, so wird er gleichzeitig zu synonymen Studien angeregt und diese führen ihn wieder zu einer genaueren Bedeutungsbestimmung. Als Beispiel sei das Wort „leicht" angeführt, bei welchem, wie sich unschwer nachweisen läßt, in den gotischen Worten leihts und azêts die Scheidung des lateinischen levis und facilis vorliegt, die wir Neudeutschen aufgegeben haben. Eine geschichtliche deutsche Synonymik ist nur auf Grund deutsch=altdeutscher Wörterbücher möglich!

Es kommt bei wissenschaftlichen Untersuchungen auch häufig genug darauf an zu wissen: War dieses oder jenes Wort im Gotischen u. s. w. vorhanden? Bei einer genauen Kenntnis der lautlichen Gesetze läßt sich vielleicht mit ziemlicher Mühe in einem altdeutsch=neudeutschen Wörterbuche eine Antwort finden. Eine bedeutend sicherere und schnellere Auskunft gibt natürlich die deutsch=altdeutsche Wörtersammlung.

Wir stehen jetzt in einer Zeit, wo der Deutsche wieder anfängt, seine Muttersprache höher zu achten. Es sind noch viele Möglichkeiten diese seine Sprache zu bereichern durch deutsche Ausdrücke, welche halb dem Gedächtnis des Volkes entschwunden sind. Deutsch=altdeutsche Wörterbücher frischen dieses Gedächtnis auf.

Uns lebenden Deutschen muß die lebende Sprache die Hauptsache sein. Ich stelle sie deshalb voran. Das ältere Deutsch steht danach. Es soll herbeigerufen werden, zur Hilfe gleichsam, wenn unser lebendes Deutsch Fragen an uns richtet.

Ich glaube, man hat bis jetzt zu viel Fragen beantwortet, welche nur dem älteren Deutsch dienten; man sollte das Neuhochdeutsche bei allen deutschen Forschungen zum Ausgangs= und Mittelpunkt machen!

Einleitung.

Vorliegendes Büchlein will einen Ueberblick über den gotischen Wort=
schatz geben. Es zerfällt in ein neuhochdeutsch=gotisches Wörterbuch und einen
Anhang. Der Anhang enthält eine sachlich geordnete Zusammenstellung des
Wortschatzes und eine Sammlung von Sprüchen und Redensarten. Letztere
sind genau an den Text des Ulfilas angeschlossen und weichen nur selten und
in unwesentlichen Punkten von diesem ab. Der liebevollen Aufnahme, welche
die Schrift „Sprechen Sie Attisch?" gefunden hat, ist es zuzuschreiben, daß
der Verfasser es wagt, einige gotische Redensarten vorzuführen. Er hätte gern
die Sammlung erweitert; nur ist dies bei der spärlichen Ueberlieferung des
Gotischen ein etwas gefährliches Wagstück. Immerhin glaubt er, daß die
Zahl solcher Redensarten sich noch beträchtlich vergrößern ließe. Wenn er den
Satz baute: „Im Frieden begraben die Söhne die Väter", so hätte er vielleicht
mit Berücksichtigung der Uebersetzungsart des Bischofs Ulfilas einem griechischen
προπίνω σοι (ich komme Dir was) ein faura-drigka þus nachbilden können u. s. w.

Für das Vokabularium sei bemerkt, daß ich die Worte in einer Ordnung
zusammengestellt habe, wie sie sich aus den Worten selbst ergab; eine streng
logische Anordnung konnte es nicht werden, wollte man nicht allzuviel Teile
und Unterabteilungen machen, welche die Uebersicht nur erschwert hätten.

Das Wörterbuch selbst wird hoffentlich keine groben Irrtümer enthalten.
Verweise von einem Wort auf das andere sind absichtlich vermieden. Es
wurde dann lieber auf dieselbe Frage an zwei verschiedenen Stellen die Ant=
wort geboten. Ein doppeltes Nachschlagen ist nach Ansicht des Verfassers
immer verdrießlich.

Noch einige Vorbemerkungen seien gestattet. Der Leser verzeihe, wenn
wir einmal dem Roß der Einbildungskraft die Zügel schießen lassen und uns
vorstellen, wie der Gote war nach dem Spiegelbild, das die Sprache von ihm
bietet. — Es ging ihm häufig knapp und er wußte daß Hunger weh thut
(2 Ausdrücke für Hunger!) — vielleicht war er auch geizig. Er lästerte gern
und war wohl wie die Altnorden recht streitsüchtig. Er liebte Kampf und
Zerstörung. Er schlug gewöhnlich mit der Faust drein, seltener mit der
flachen Hand. Er hat sich vielleicht schon geboxt. Mord und Todschlag ge=
hörte wohl auch nicht zu den Seltenheiten. Er wanderte gern (8 Ausdrücke)
und hielt auf Männerwürde.

Doch nehmen wir das Roß der Einbildungskraft wieder fester in den
Zügel und kehren wir auf ruhige Bahn zurück. Vielleicht ist es dem einen
oder andern Nichtfachmanne — denn auch für diese ist vorliegendes Büchlein
bestimmt — anziehend zu hören, daß der Gote das lateinische fenestra, unser
Fenster, noch nicht aufgenommen hatte, sondern das anmutig gebildete Wort
Augenthor brauchte, daß der Tisch (der Diskus der Alten) noch nicht das
deutsche Wort biuds verdrängt hat und für das „Kreuz" (crux) der Galgen
auftritt. Daß die deutsche Hansa in derselben Form im Gotischen vorkommt
und Schar bedeutet, Schalk eigentlich Knecht heißt und für morgen der Gote

gistra-dagis (gestern) sagt, dürfte ebenso merkwürdig erscheinen als daß bei dem Gotenvolke — wie unartig gegen das weibliche Geschlecht! — der Teufel als Teufelin erscheint. Das letzte Wort führt uns schon in die Mythologie hinein. Noch mehr ist dies bei Menschensaat (manaseþs) für „Welt" der Fall. Wenn endlich der Gote für Meile das Wort Rast (rasta) anwendet, so erkennen wir in ihm den Mann der Völkerwanderung. — Das Uebrige muß ich einem Durchblättern vorliegenden Büchleins überlassen.

Zum Schluß sei noch bemerkt, daß ein neckischer Zufall in dem uns vorliegenden Gotisch nur die drei Farben schwarz, weiß und rot überliefert hat, die Farben des heutigen deutschen Reichs!

Für die Aussprache sei kurz folgendes bemerkt:
1. a, i, u sind kurz.
2. e und o sind lang.
3. ai, au sind gewöhnlich Diphthonge, wenn nicht r oder h folgt.
4. ai und au sind in der Regel wie ë und ö zu sprechen, wenn r oder h folgt.
5. ei ist das Zeichen für langes i.
6. v ist auszusprechen wie englisches w.
7. þ ist ein Runenzeichen; es hat die Geltung von englischem th.
8. gg ist wie ng zu sprechen.
9. Nach q wird kein u geschrieben.
10. h vertritt häufig die Stelle von unserm ch.
11. z hat die Aussprache von tönendem s in dem Worte „Rose".

A.

Aar ara.
ab af.
ab, von af.
abängstigen afagjan.
abarbeiten sich arbaidjan.
abbilden ga-frisahtjan.
abbrechen: pass. us-bruknan.
Abend andanahti, saggqs.
Abendmahl nahta-mats.
aber ak, akei, aþþan, auk, iþ, þan, þaruh—uh, zugleich aber auch bijands, aber auch þan, nachher aber afaruh þan, dann aber jedoch þanuh þan sveþauh.
Abfall afstass.
abfallen afstandan, von der Wahrheit abfallen: bi sunja us-viss us-mitan.
abführen ustiuhan.
Abgabe gilstr.
abgeben einen Teil af-dailjan.
abgesondert sundro.
Abgrund afgrundiþa.
abhalten ana-latjan.
Abhang driuso, ib-dalja.
abhauen afmaitan, afslahan.
abhelfen dem Mangel þarbos usfulljan.
abirren pass. v. afairzjan.
abkürzen ga-maurgjan.
Abkunft, von himmlischer ufarhiminakunds.
ablassen sveiban.
ablegen af-slaupjan (sik), af-lagjan, falsches Zeugnis galiug veitvodjan.
abmatten af-dojan.
abnehmen minznan.
abrupfen raupjan.
absagen faur-qiþan.
abschätzen vairþon.
abschaffen ga-blauþjan, blauþjan.
abscheiden and-letnan.

Abschied nehmen and-qiþan, tvisstandan.
abschlagen Jem. etwas us-vandjan.
abschneiden us-maitan, die Haare kapillon skaban.
Abschnitt, Lese— laiktjo.
abschrecken af-agjan.
abschütteln af-hrisjan, us-hrisjan.
Absicht muns, aus reiner svik-naba.
absondern af-skaidan.
absterben pass. v. af-dauþjan, einer Sache — ga-sviltan.
abstreifen af-slaupjan.
Abteilung v. 50 tevi.
abwärts dalaþ.
abwaschen af-þvahan, us-þvahan, sich — af-þvahan.
Abwaschung daupeins.
abweichen us-vandjan pass. v. af-airzjan.
abwenden af-vandjan, sich — us-vandjan, af-standan.
abwerfen af-vairpan, us-vairpan.
abwesend af-haims, aljaþro.
abwischen bi-svairban.
acht ahtau.
Acht, sich vor etwas in — nehmen atsaihvan, —geben auf etwas vitan.
achte, der ahtuda.
achten aistan, sveran — wie rahnjan, auf etwas — gaumjan, at-saihvan, geachtet svers, nicht geachtet un-svers.
achttägig ahtau-dogs.
Achtung gegen Jedermann all-sverei.
achtzig ahtau-tehund.
Acker akrs.
ackern arjan.
Ackersmann airþos vaurstvja.
Adler ara.
ächt pistikeins, für — befunden valis adj.
ähnlich galeiks abv. galeiko, analeiko.

1

Aehnlichkeit ga-leiki.
Aehre ahs.
ältere airiza, alþiza, älteste sinista, die ältesten praiz-bytairei.
ändern, ver= maidjan.
ängstlich besorgt sein maurnan.
ängstlich machen af-svaggvjan.
ärger vairsiza.
ärgern marzjan, af-marzjan, ga-marzjan.
Aergerniß marzeins, ga-marzeins, af-marzeins, kein — gebend un-ufbrikands.
äußerer, unser — Mensch sa utana unsar manna.
äußerster hindumists.
all alls, vor allem ufar all, von allen Seiten her alla-þro.
allda jainar.
allein ains, sundro abv.
nicht das allein — sondern auch ni þatain — ak jah.
allerdings aufto.
allerlei missa-leiks.
allezeit hveilo hvoh, sinteino.
allgemein ga-mains.
Allmächtiger all-valdands.
Almosen arma-hairtiþa, armaio.
als 1. part. beim comp. þau, beim pos. sve, nach neg. alja.
als 2. conj. biþe.
so lange als: þan, þande, und þatei, und þata hveilos þei, so oft als sva ufta sve, mehr— ufar, mehr— was ufar þatei, —daß niba þatei, sobald— biþe, suns-ei, nicht— wenn ni þatei, ni þeei, sve-þauh ni, ebenso sehr— sva-þau, sowohl—auch jah-jah.
also: nunu, svaei, þan-nu, þannu-nu, þan, —uh, denn— þannu nu jai.
alt fairneis, alþeis, sineigs.
das Alte þo alþjona, die Alten sinistans, 50 Jahr alt sein fimf tiguns jere haban.
Alter alds, aldoma, fairniþa, Menschen— alds.
Amt and-bahti, ein — ausüben andbahtjan, das Priester— verrichten gudjinon, Vorsteher— faura-maþli, — des Vierfürsten fidur-ragini.
Amtsbruder ga-hlaiba, gahlaibs.
an and, bis — und, nahe — nehv,

von da — þaþroh, von jetzt — fram himma (nu), Lager am Tisch kubitus, Zipfel am Kleid skauts, ans Licht bringen ga-liuhtjan, an Seile binden in-sailjan, teilnehmen — niutan c. g., Lust haben — ga-vizneigs visan c. d., von — us.
anbequemen, sich and-tilon.
anbeten in-veitan.
anbringen bairan.
Anbruch ufar-skafts (ἀπαρχή).
Andenken ga-minþi, ga-munds.
anderer aljis, anþar, einander misso, anþar anþarana, anþar anþaris, aus einander halten dis-skaidan, — der eine — der — anþar-anþar, sums, anders anþarleiko, aljaleiko, aljaleikos, wenn — jabai, jabai sveþauh. sveþauh jabai.
anderswo aljar.
anderswoher aljaþro.
anderswohin aljaþ.
andeuten bandvjan.
anempfehlen ana-filhan, us-kannjan.
anfahren and-staurran, hart — andbeitan.
Anfang ana-stodeins, frums, frumisti, vom — fram frumistin.
anfangen ana-stodjan, du-stodjan, duginnan.
Anführer, über 1000 þusundi-faþs.
anfüllen fulljan, gafulljan, sich — gafullnan, angefüllt werden ga-fullnan.
angenehm anda-nems, voþeis.
angeordnet ga-raids.
angesehen vulþags.
Angesicht ludja, vlits, andavleizn, andvairþi, ins — viþra, andaugiba.
Angst agis, aggviþa, in — versetzen af-slauþjan.
anhängen Jem. hahan, and-tilon, sich— (ga)-haftjan (sik).
anhangen haftjan (sik), gahaftnan.
anheben ana-stodjan, us-bairan.
anheften, sich haftjan (sik), gahaftnan.
Anhöhe þata auhumisto.
anhören hausjan.
Anhören, das gahauseins.
Anklage vrohs.
Anklagegrund fairina.
anklagen vrohjan.
ankleben at-visan c. d.

ankommen qiman.
Ankunft qums
Anlaß lev
anlassen, hart anahaitan c. d.
anlegen at-lagjan.
Annageln ga-nagljan.
annehmen niman, us-niman, and-niman, sich Jemandes — hleibjan.
Annehmlichkeit azeti.
anordnen ana-biudan, ga-raidjan, angeordnet ga-raids.
Anordnung ga-raideins.
anrechnen rahnjan.
anreizen ga-hvatjan.
anrühren tekan, at-tekan.
anrufen vopjan, anahaitan, sich gegenseitig vopjan du sis misso.
Anschein, den — haben þugkjan.
Anschlag bi-runains.
anschicken, sich skaftjan sik.
Ansehen vlits, — der Person vilja-halþei.
ansehen us-saihvan, bi-saihvan, sich etwas — mundon sis.
anspeien bi-speivan.
anständig, wohl — ga-fehaba abv.
anstellen ga-satjan.
Anstoß bi-stugq.
anstoßen bi-stigqan, ga-stiggqan, an etwas — ga-stagqjan.
Anteil dails, —nehmen gamainjana briggan.
anthun, Schmach ga-naitjan.
Antlitz andaugi.
antreffen bi-gitan.
Antwort anda-hafts, anda-vaurdi.
antworten and-hafjan, us-bairan.
anvertrauen ga-trauan, ga-laubjan.
anwesend ana-haims.
Anwesenheit qums.
Anzeige in-sahts, taikns.
anzeigen in-sakan, ga-teihan, bandvjan.
anziehen gahamon, die Bekleidung — ana-hamon.
anzünden tandjan.
Apostel apaustaulus, falscher — ga-liuga-apaustaulus.
Apostelamt apaustaulei.
Arbeit arbaiþs.
arbeiten, mit Mühe — vinnan arbaidai, eine Zeit hindurch — þairh-arbaidjan.
Arbeiter vaurstva, vaurstvja.
Arche arko.

Arglist lists, liutei, varei.
argliftig listeigs.
Arm arms
arm arms, unleds, ganz — ala-þarba, —machen ga-un-ledjan.
Arme þarba.
Armut un-ledi.
Art haidus, gute — airkniþa.
Arzt le(i)keis.
Asche azgo.
Ast asts.
auch — uh, so — svah, dann — þanuh jah, þanuþ-þan, ja — sogar nauhuþ-þan, aber — þan, zugleich aber — bijands, wenn — þauh-jabai, nicht nur — sondern — ni þatainei ak(jah).
äußern, sich unwillig — bi-rodjan.
auf and, in Hinsicht — in raþjon, — welche Weise in hvo sauþo, — gleiche Weise sama-leiko, — einmal suns, — etwas sehen vitan, at-saihvan, mundon sis, fair-veitjan du, — etwas hinsehen in-saihvan, — etwas verfallen us-vandjan du c. d., — etwas bedacht sein ga-redan, — etwas achten gaumjan, at-saihvan, vitan, — etwas warten beidan c. g., us-beidan, — Jem. deuten þairh-ga-leikon, — sich nehmen us-niman, us-bairan, —etwas merfen gaumjan, — Jem. hören ufhausjan, — die Knie fallen knussjan, — dem Horn blasen haurnjan, — der Posaune blasen þut-haurnjan.
aufbauen ana-timrjan.
aufbewahren fastan.
aufblasen uf-bauljan, uf-blesan.
aufbrechen us-standan.
aufdecken and-huljan.
aufdrücken, — das Siegel sigljan.
Aufenthalt us-met.
Auferbauung timreins.
auferstehen us-standan, von den Toten — ur-reisan.
Auferstehung ur-rists, us-stass.
auffassen, mit dem Geiste — ga-niman.
auffordern ga-vagjan.
Aufgang ur-runs.
aufgeben, den Geist — us-anan.
aufgeblasen, — machen ufar-hauhjan, uf-bauljan, — werden pass. v. uf-blesan.

1*

— 4 —

Aufgeblasenheit uf-svalleins.
aufgehen (von dem Samen, von der Sonne) ur-rinnan, — lassen urrannjan.
aufgraben uf-graban.
aufhäufen rikan.
aufhalten latjan, ga-latjan, dis-skaidan, sich — us-mitan.
aufheben hafjan, us-hafjan, uf-haban, blauþjan, ga-blauþjan, ga-tairan.
aufhören ga-hveilan, hveilan, sveiban, ga-taurnan, ga-driusan, ga-nanþjan, nicht — un-sveibands.
auflachen, machen daß Jem. auflacht uf-hlohjan.
aufladen dragan, ga-dragan.
aufleben, wieder — ga-qiunan.
auflegen ga-lagjan, ana-lagjan, die Hand — lagjan handu.
Auflegung analageins.
Auflösung dis-viss, ga-malteins.
Aufmerksamkeit hliuþ.
aufmuntern timrjan.
Aufmunterung ga-þlaihts.
Aufnahme andanumts.
aufnehmen niman, at-niman, and-niman.
aufregen in-vagjan.
aufreiben af-dojan.
aufreizen gramjan.
aufrichten ur-raisjan, sich — us-sitan.
Aufrichtigkeit hlutriþa, hlutrei.
aufrührerisch werden us-standan.
Aufruhr un-suti, auhjodus, drobna, — erregen drobjan.
aufschlagen, ein Zelt über Jem. — ufarhleiþrjan.
aufschneiden uf-sneiþan.
aufschreiben meljan, ga-meljan, anameljan.
aufschreien uf-hropjan, uf-vopjan.
· Aufschwellen, das uf-svalleins.
aufsehen us-saihvan.
aufseufzen uf-svogjan.
aufspringen us-hlaupan.
aufsitzen us-sitan.
aufstehen ur-reisan, us-standan, — machen ur-raisjan.
aufsteigen us-steigan.
aufstellen ga-satjan.
aufthun us-lukan.
aufwachsen alan, ga-þeihan.
aufwallen vulan.

aufwecken us-vakjan, vom Schlafe —, von den Toten —: ur-raisjan.
aufwiegeln in-vagjan.
aufzehren fra-itan.
aufziehen aljan, fodjan.
Auge augō.
Augenblick brahv augins, stiks melis.
Augenzeuge silba-siuneis.
aus us, utana c. g., von da — þaþro, — etwas heraus us, — Erbe gebildet ga-digans, — etwas sein visan c. g., —einander werfen dis-vinþjan, — einander reißen tahjan.
ausbreiten straujan, sich — gaþeihan, us-mernan.
Ausdauer us-daudei.
ausdauern us-aivjan.
auserwählen ga-valjan.
auserwählt valis, adj.
Auserwählung ga-valeins.
ausfallen ga-driusan.
ausfegen us-hrainjan, us-baugjan.
ausfließen us-gutnan.
ausforschen us-sokjan.
ausführen us-tiuhan, schnell — gamaurgiþ taujan.
ausführlich, — erzählen us-spillon, — erörtern us-sakan.
ausfüllen us-fulljan.
Ausfüllung fullo.
Ausgang ur-runs st. m., ur-runs st. f.
ausgeben us-giban.
ausgedrückt, bildlich — alja-leikoþs.
ausgegossen werden us-gutnan.
ausgehen us-gaggan, ur-rinnan, usleiþan.
ausgeschlossen von framaþs c. g.
ausgezeichnet ufar mikil, ufar filu.
ausgraben us-graban.
aushauchen us-anan.
aushauen ga-draban, us-maitan.
aushöhlen us-hulon.
auskehren us-baugjan.
auskundschaften bi-niuhsjan.
Ausländer barbarus.
auslassen us-letan.
Auslegung ske(i)reins.
auslöschen af-hvapjan, af-svairban.
ausnehmend us-sindo adv.
ausrauben dis-vilvan.
ausraufen raupjan.
ausreinigen us-hrainjan.

ausreißen us-vairpan.
ausrufen uf-hropjan, uf-vopjan, klagend — gretan, laut — vopjan.
Ausſatz þruts-fill.
ausſätzig þruts-fills.
ausſcheiden us-kiusan.
ausſchicken us-satjan.
ausſchließen us-letan.
ausſchweifend us-stiuriba.
Ausſchweifung us-stiurei.
außen, von — utana, von — her utaþro.
ausſenden us-sandjan.
außer alja, inuh c. a., — daß niba þatei, — der Weiſe us-veihs, — Schuld us-fairina.
außerhalb utaþro, utana c. g.
außerordentlich, —e Größe ufarassus, —er Teil ufarassus.
ausſetzen us-satjan.

ausſprechen us-qiþan.
ausſtechen us-staggan.
ausſtellen, eine Verkaufsurkunde — frabauhta-boka ga-vaurkjan.
ausſtrecken uf-rakjan, us-braidjan, uslagjan.
ausſtreuen tahjan.
austeilen ga-dailjan, zur Speiſung — fra-atjan.
austreiben us-dreiban, us-vairpan.
ausüben, ein Amt — and-bahtjan.
auswaſchen us-þvahan.
auswählen us-kiusan.
Auswurf us-vaurpa.
auszehren ga-staurknan.
auszeichnen ga-tarhjan, us-taiknjan.
ausziehen, die Bekleidung — afhamon, us-vairpan.
Axt aqizi.

B.

Bach rinno.
Backenſtreich slahs lofin, —e geben kaupatjan.
Bad þvahl.
bändigen ga-tamjan.
Bahre hvilftri.
bald suns, sprauto, bald=bald sumansumanuh.
Balken ans.
Balſam balsan.
Band bandi, ga-bundi, ga-binda, naudibandi.
Bande kuna-vida, Eiſen— cisarnabandi.
Barbar barbarus.
barmherzig arma-hairts, bleiþs, — ſein bleiþjan, gableiþjan.
Barmherzigkeit armaio, arma-hairtiþa, arma-hairtei, bleiþei, — erlangen pass. v. ga-arman.
Baſe niþjo.
Bauch vamba.
bauen timrjan, ga-timrjan.
Bauleute timrjans.
Baum triu, bagms.
beachten and-saihvan.
beängſtigen ga-aggvjan.
beben reiran.

Becher stikls.
Bedacht ga-þagki.
bedacht, auf etwas — ſein ga-redan.
bedächtig andaþahts.
bedecken huljan, ga-huljan, dis-huljan.
Bedeckung ga-skadveins.
bedenken þagkjan(sis), bi-þagkjan, andhugjan, miton.
bedrängen anapraggan, þreihan, gaþreihan.
Bedrängnis arbaiþs, aglo, aggviþa.
bedrängt þraihans.
bedrohen and-beitan, and-staurran, in-agjan.
bedürfen þaurban, gairnjan.
Bedürfnis þaurfts.
bedürftig us-haista.
beeifern, ſich — aljanon, us-daudjan.
beengen ga-aggvjan, þreihan.
beengt þraihans.
Beengung ga-aggvei.
befallen dis-driusan.
Befehl ana-busus, ga-grefts, haiti.
befehlen ana-biudan, haitan, ga-raidjan.
befeſtigen tulgjan, ga-tulgjan, svinþjan, ga-þvastjan.
befeſtigt ga-tulgiþs.
Befeſtigung bi-baurgeins, tulgiþa.

befinden bi-gitan, sich — haben, sich
übel— ubilaba haban, ubil haban,
sich wohl— vaila visan, für ächt befunden valis adj., im Hause befindlich in-gards.
beflecken bi-sauljan, befleckt werden bi-
saulnan.
Befleckung bi-sauleins.
befleißigen, sich — ga-laistjan, bi-
saihvan c. g., us-daudjan, ga-redan.
befreien lausjan.
befriedigen ga-nohjan.
begegnen ga-motjan, ga-daban.
begehen, (Ehebruch) — horinon.
Begehr gairnei.
begehren gairnjan, luston, sokjan.
Begierde lustus.
beginnen du-ginnan.
Begleiter ga-laista.
beglückt auda-hafts.
begnügen, sich — ga-nohiþs visan.
begraben ga-filhan, ga-navistron, us-
filhan, filhan.
Begräbnis ga-filh, us-filh.
begreifen ga-fahan.
begrüßen goljan.
behaften dishaban, behaftet werden pass.
v. anahaban.
behalten ga-haban, ga-fastan.
behandeln, liebevoll — frijon, recht —
raihtaba raidjan, übermütig — uf-
brikan.
beharren, bei etwas — ga-tulgjan sik,
in-standan, standan.
Beharrlichkeit us-daudei.
behaupten, etwas — bi hva stiurjan.
Behauptung in-sahts.
beherzigen miton.
behutsam vars adj., arniba adv.
Behutsamkeit varei.
bei bi, at, miþ, — sich überlegen
þagkjan sis, — vollem Verstande
sein fulla-fraþjan.
beide bai, bajoþs, wir — vit, uns
beiden ugkis, euch beiden gehörig
iggqar, jeder von beiden ain-hvaþaruh.
Beilager ga-ligri, ligrs.
beilegen ga-satjan.
beiseits sundro.
Beispiel fri-sahts.
beißen beitan.
Beistand and-stald.

beistehen miþ visan.
bekannt kunþs, svi-kunþs, us-kunþs,
— machen ga-kannjan, us-kannjan,
kannjan, ga-svikunþjan.
Bekannte, der — kunþs.
bekehren ga-vandjan.
Bekehrung ga-vandeins.
bekennen and-haitan.
Bekenntnis anda-hait.
beklagen flekan.
bekleiden vasjan, ga-paidon, sich — ga-
vasjan.
Bekleidung ga-skadvcins, die — anziehen ana-hamon, die — ausziehen
af-hamon.
bekränzen veipan.
bekümmert un-vunands.
beladen af-hlaþan.
belasten kaurjan.
belästigen kaurjan, anakaurjan, us-
þriutan.
belecken bi-laigon.
belehren talzjan, ga-laisjan, us-laisjan,
sich — laisjan sik
beleidigen ana-mahtjan.
Belohnung laun.
belügen liugan.
bemitleidenswert arms.
bemühen draibjan.
benagen at-snarpjan.
benedeien þiuþjan.
benennen haitan.
benetzen natjan, ga-natjan.
beobachten fastan, ga-fastan, etwas —
vitan.
Beobachtung fastubni.
Beratschlagung ga-runi.
berauben bi-raubon.
berauschen, sich — anadrigkan sik.
berechnen rahnjan.
bereichern gabigjan.
bereit manvus, manvuba adv. | ga-
manviþs, — sein habaiþ visan,
— gemacht ga-manviþs.
bereiten manvjan, ga-manvjan, ga-
vaurkjan, ga-smiþon, sich Nutzen —
þaurft gataujan.
Bereitschaft manviþa.
bereuen idreigon(sik).
Berg fairguni.
bergen bairgan, ga-bairgan.
Berggegend bairgahei.

berüchtigt ga-tarhiþs.
berücksichtigen and-saihvan.
Berücksichtigen, das — vilja-halþei.
berühren tekan, at-tekan.
berufen laþon, ga-laþon, at-laþon, at-haitan, faura-ga-redan.
Berufung laþons.
beruhigen ana-hveilan, ga-þrafstjan.
beschädigen ga-sleiþjan, ana-mahtjan.
Beschädiger, der — sa skaþula.
Beschämung aiviski.
beschämen ga-niviskon, beschämt werden pass. v. ga-aiviskon, ga-skaman sik.
beschaffen, so — sva-leiks, wie —? hvi-leiks.
bescheiden gafaurs.
Bescheidenheit ana-viljei.
beschimpfen ga-aiviskon, usagljan.
Beschlag, in — nehmen ga-aiginon, ga-faihon.
beschleunigen ga-maurgjan.
beschließen ga-stojan.
Beschluß ragin, anda-hafts, ga-grefts, leikains, geheimer — runa, bi-runains.
beschmieren bi-smeitan.
beschneiden bi-maitan, sich — lassen bi-maitan.
Beschneidung bi-mait.
Beschränkung ga-aggvei.
beschützen vitan.
beschuht ga-skohs.
beschuldigen fair(r)inon, vrohjan.
Beschuldigung fairina, us-qiss.
Beschwerde latei.
beschweren us-þriutan, ana-kaurjan, kaurjan.
beschwören bi-svaran.
beseligt auda-hafts.
besessen vods, — werden pass. v. ana-haban.
Besessene daimonareis.
besiegeln ga-sigljan.
besinnen, sich — and-þagkjan sik.
Besinnung, zur — kommen pass. v. us-skavjan, zur — bringen us-skavjan.
Besitz, in — nehmen fra-niman.
besitzen aigan, ga-staldan, dis-niman.
besonders þishun, sundro.
besorgen und-redan, and-bahtjan, Jemand — ga-veison.
besorgt, ängstlich — sein maurnan.

besprechen, sich — ga-qiþan sik, rodjan du sis misso.
Besprengung ufar-ranneins.
besser iusiza, batiza.
Besserung iusila, ga-raihteins.
beständig un-hveils.
bestärken ga-tulgjan.
bestärkt ga-tulgiþs.
bestätigen ga-tulgjan, etwas — bi hva stiurjan.
beste, der batists.
bestehen standan.
bestimmen raidjan, satjan, urredan.
bestimmt ga-raids, die —e Zeit zum Tod — dauþubleis ga-rehsns.
Bestimmung ga-rehsns.
Bestreben muns.
bestreben, sich — us-daudjan.
bestreichen bi-smeitan.
bestreiten and-sakan.
Bestreiten tveifleins.
besuchen, Jem. — ga-veison.
beten aihtron, bidjan, ga-bidjan.
Bethaus gards bido, razn bido.
betrachten ga-kunnan.
betrinken, sich — ana-drigkan sik.
betrüben gaurjan, invagjan, sich — indrobnan.
Betrübnis gaurei, gauriþa, saurga, — haben saurga haban, — verursachen gaurjan.
betrübt gaurs, un-vunands, — werden in-drobnan, saurgan, ga-nipnan.
betrügen airzjan, af-holon, luton, holon.
betrüglich hindar-veis.
betrügerisch liuts.
Betrug af-marzeins, airzei, airziþa, faih, liutei.
Bett ligrs, badi.
betteln aihtron, bidjan.
Bettler bidagva.
beugen, sich — biugan, die Knie — lagjan kniva.
beunruhigt, — werden drobnan.
beurteilen stojan.
Beutel puggs.
bevor faurþizei.
bevorstehen in-visan, nahe — instandan.
Bevorteilung faih.
bewachen vitan.
bewährt ga-kusans.

bewahren fastan, ga-fastan, bairgan,
vor etwas — ga-lausjan.
Bewahrer, —des Gesetzes vitoda-fasteis.
bewegen ga-vagjan, vagjan, ga-vigan.
Bewegung vegs, in — setzen in-vagjan,
us-vagjan.
beweinen qainon.
Beweis taikns, us-taikns, kustus, insahts.
bewirken us-vaurkjan, ga-vaurkjan, gataujan, ga-smiþon, etwas—vaurkjan.
bewohnen bauan.
bewundern, bewundert werden sildaleiknan.
bewußt, — sein miþ vitan.
Bewußtsein ga-hugds.
bezahlen us-giban.
bezaubern af-hugjan.
bezeichnen us-taiknjan.
bezeugen veit-vodjan.
Bezweifeln tveifleins.
biegen ga-biugan.
Bild fri-sahts, man-leika.
bilden, gebildet werden ga-fri-sahtnan.
bildlich, — ausgedrückt alja-leikoþs.
Billigkeit ibnassus.
binden bindan, ga-bindan.
bis und, unte, — an und, — zu und,
— daß und, — jetzt und hita (nu).
Bischof papa, aipiskaupus.
Bischofsamt aipiskaupei.
bisher und hita (nu).
Bissen drauhsna.
Bitte bida, aihtrons.
bitten bidjan, ga-bidjan.
bitter baitrs abv. baitraba.
Bitterkeit baitrei.
bitterlich baitraba.
blähen, sich — pass. v. uf-blesan.
blasen, auf dem Horn — haurnjan,
auf der Posaune — þut-haurnjan.
Blatt laufs.
bleiben bi-leiban, ga-standan, saljan,
visan, þairh-visan, ga-visan, übrig —
af-lifnan, ohne —de Stätte un-gastoþs.
blind blinds, un-saihvands.
Blitz lauhmuni.
bloß naqaþs.
Blume bloma.
Blut bloþ.
blutflüssig bloþa-rinnands.
Blutfluß runs bloþis.

Bock, junger — gaitein. n.
Boden, zu — dalaþ.
böse ubils, un-sels, —r Geist skohsl.
Böse, das — un-þiuþ.
borgen leihvan sis.
Bosheit balva-vesei, un-selei.
Bote airus, aggilus, apaustaulus,
— sein airinon.
Botschaft, frohe — vaila-mereins, —
bringen vaila-merjan, vaila-spillon.
Brand, in — stecken in-brannjan.
brandmarken ga-tandjan.
Brandopfer ala-brunsts.
Bräutigam bruþ-faþs.
brauchbar bruks.
brauchen brukjan, der sich nicht zu
schämen braucht un-aivisks.
Braut bruþs.
brechen brikan, ga-brikan.
breit braids, rums.
Breite braidei.
breiten straujan.
brennen brinnan, in-tundnan, tundnan, vulan.
Brief bokos, aipistaule.
bringen bairan, briggan, zur Besinnung—us-skavjan, frohe Botschaft —
vaila-merjan, vaila-spillon, in Dienstbarkeit — ana-þivan, zu Ende —
us-tiuhan, Frieden — ga-vairþi
lagjan, Frucht — ga-vrisqan, von
Sinnen — us-gaisjan.
Brocken ga-bruka, drauhsna.
Brot hlaibs, gleiches —habend ga-hlaibs.
Brotbissen hlaibs.
Bruder broþar, falscher — ga-liugabroþar, Amts— ga-hlaibs.
Bruderliebe broþar-lubo.
Brüder broþrahans.
Brunnen brunna.
Brunst leiden in-tundnan.
Brust brusts, barms.
Buch bokos, Stelle in einem — staþs.
Buchstabe bok, boka.
Bündnis triggva, trausti.
Bürde baurei (?), baurþei.
Bürger baurgja.
Bund triggva, trausti.
Burg baurgs.
Busen barms.
Buße idreiga, — thun idreigon (sik),
ga-idreigon.

C.

Caution kavtsjo.

D.

da, local: jainar, þaruh, von — jainþro, þaþroh, von — weg þaþro, von — aus þaþro, — sein visan, in-visan, at-visan, ist — qam z. B. laisareis qam.
da, causal: þan-uh, þande, þan, sve, suns-ei, — nun þan-uh þan.
dabeistehen at-standan, faura-standan. Dach hrot.
dafür halten munan prtpr, domjan.
dagegen þata viþra-vairþo.
dagegen sagen andhafjan viþra.
daheim ana-haims.
daher þan, svaei, þaþroh, eiþan.
dahin jaind, jaindre, jaind-vairþs, — haben prt. v. andniman, — wo þadei.
dahinten afta.
damals þan.
damit ei, þei, þatei.
Dank aviliud, þagks, ansts, aivxaristia, — wissen þagk sis fair-haitan.
danken aviliudon.
Danksagung ansts, aviliud.
dann þan, þan-uh, þaþroh, — auch þan-uh jah, þan-uþþan, — noch þan-uh-þan.
darauf þan, þaþroh, — legen ufar-lagjan, — daß þammei.
darbringen at-bairan, Opfer — saljan, Rauchopfer — saljan.
darnach þaþroh, afar þata, biþe.
darreichen and-staldan, rahton.
darstellen at-satjan, faura-ga-satjan, us-taiknjan, faura-meljan, us-tiuhan, us-giban mit bopp. a.
Darstellung us-taikneins.
darüber ufaro, — hinaus ufar-jaina, — daß þammei, — emporsteigen ufar-steigan, — hinaussehen (?) ufar-miton, — legen ufar-lagjan, — hinauswachsen ufar-þeihan, etwas — schreiben ufar-meljan, etwas — ziehen ufar-hamon.
darum þan, þan-nu, — nun þanuh-þan, daß þe-ei (neg.).
das þata.
daselbst jainar, þar, þaruh.

daß ei, þatei, unte, þei, so — sve, svasve, svaei, — nicht ibai, þei ni, nicht — ni þatei, nur — nicht þatainei ibai, doch nicht — sveþauh ni, dazu — þammei, darüber — þammei, außer — niba þatei, als — niba þatei, darauf — þammei, darum — þe-ei (neg.).
davontragen ga-niman.
davorwälzen faur-valvjan.
dazu daß þammei.
Decke hulistr.
dein þeins.
demnach nunu, — nun þannu nu.
demütig hnaiviþs, hauns.
demütigen ga-haunjan.
Demütigung hauneins.
Demut hauneins.
Denar skatts.
denken fraþjan, hugjan, miton, þagkjan, bi-þagkjan, vorher — faura-ga-hugjan.
denn allis, auk, unte, raihtis, ak, — also þannu nu jai, Frage: an, nuh, — also þannu nu jai, — nun jah þan, ob — ? ibai.
der sa, — Du þuei.
derjenige, — welcher sa izei.
derselbe, nach demselben Orte hin samaþ.
desgleichen sama-leiko.
deshalb duþe, in þizozei vaihtais, nicht — daß ni þeei.
desto, je mehr — mehr hvan filu-mais þamma.
deuten, auf Jem. — þairh-ga-leikon.
deutlich skeirs, bairhts, abv.: bairhtaba.
Diakon diakaunus.
Dichte digrei.
die so.
die ihr juzei.
Dieb þiubs, hliftus.
Diebstahl þiubi.
bienen skalkinon, and-bahtjan, fullafahjan.
Diener skalks, and-bahts, p. þevisa, n.

Dienst skalkinassus, and-bahti, fastubni, — blotinassns, p. v. hunsl, Götzen—galiuga-gude skalkinassus, einen — erweisen saljan, and-bahtjan.
dienstbar, — machen ga-þivan, — sein skalkinon.
Dienstbarkeit skalkinassus, þivadv, in — bringen ana-þivan.
Dienstleistung and-stald.
Ding vaihts st. f., vaiht st. n.
dies, wegen —er Ursache in þizozei vaihtais, Fürst —er Welt sa fairhvu habands.
Distel, Weg— viga-deino.
doch raihtis, þanuh, þan, sveþauh, sve-þauh, þau, vaila, þau, aþþan, möchte — vainei, wenn — vainei.
Donner þeihvo.
Dorf haims, þaurp.
Dorn þaurnus.
dornen þaurneins.
Dornstrauch aihva-tundi.
dort jainar, von — jainþro.
dorthin jaind, jaindre, jaind-vairþs.
drängen þreihan, ana-trimpan.
drauf, —setzen us-satjan.
draußen uta.
drei þreis, þrija.
dreihundert þrija hunda.
dreißig þrins tiguns.
dreist balþaba, abv., — sein ga-daursan, ga-trauan.
dreschen þriskan.

Dreschtenne ga-þrask.
britte, der — þridja, zum —u Mal þridjo abv.
drohen hvotjan, ga-hvotjan, ga-sakan.
Drohen, mit — gebieten ga-sakan.
Drohung hvota.
drücken kaurjan.
brunter undaro, abv.
Du þu, der — þuei.
Dünger maihstus.
dünken þugkjan, es dünkt mich þugkeiþ mis.
bürfen bi-nauhan.
bürftig halks, us-haista.
dürr þaursus.
dürsten þaursjan, mich bürstet þaurseiþ mik.
Dulden, das — þulains.
bulben þulan, us-þulan, us-þuljan, ga-þulan, ga-beidan, arbaidjan.
dunkel riqizeins.
Dunkelheit riqis.
Dunst dauns.
durch þairh, mitten — (midja) þairh.
durchaus, — nicht ni vaihtai.
durchbläuen us-bliggvan.
durchlaufen bi-rinnan.
durchsäuern ga-beistjan.
durchsehen þairh-saihvan.
durchwachen þairh-vakan.
durchwandern bi-tiuhan, us-leiþan.
Durst þaurstei.
burstig sein af-þaursiþs visan.

E.

eben ibns, raihts, slaihts, —so sehr als sva-þau.
Ecke vaihsta.
Eckstein haubiþ vaihstins, vaihsta-stains.
ehe faurþizei.
Ehe liuga, —brechen ga-horinon, zur — nehmen liugan.
Ehebrecher hors.
Ehebruch horinassus, kalkinassus, — begehen horinon.
ehedem simle.
ehemals suman.
Ehemann aba.

eher airis.
ehern, —es Geschirr katils.
Eheweib qens.
ehrbar ga-riuds, abv.: ga-fehaba, ga-redaba.
Ehrbarkeit ga-riudi.
Ehre sveriþa, hauhiþa, hauheins, eitle — lausa hauheins, — erweisen sveriþa us-giban, ohne — unsvers.
ehren sveran.
Eid aiþs.
Eidam megs.
Eifer aljan, usdaudei.
eifern aljanon.

eifrig usdaudo adv., usdauds adj.
eigen sves, zu — gehörend sves, seine
—en Geschäfte treiben taujan svesa,
auf —e Kosten svesaim annom.
eigensüchtig seinai-gairns.
Eigentum aigin, aihts, sves.
eilen sniumjan, sniuhan, snivan.
eilends sniumundo adv.
eilig sniumundo adv.
eiliger sniumundos, um so — sniumundos.
ein ains, irgend einer ainshun (neg.),
— einziger ains, — wenig leitil hva,
— es Leibes ga-leika, nicht —e Stunde
ni hvcilo-hun, —e zeitlang hvo hveilo,
—er sums, der eine — der andere
sums, anþar-anþar.
einäugig haihs.
einander misso, anþar anþarana, anþar
anþaris, aus — halten dis-skaidan,
aus — reißen tahjan, aus — werfen
dis-vinþjan, aus — zerren dis-tairan.
einbrennen ga-tandjan.
einfältig ainfalþs adv.: ainfalþaba.
Einfalt ainfalþei.
einfordern etwas für sich lausjan sis.
Eingang inn-at-gahts.
Eingeborne aina-baur.
Eingebung ahmateins.
Eingeweide hairþra.
Einheit aina-mundiþa.
einige p. v. sums.
Einigkeit aina-mundiþa.
einkehren us-saljan.
einladen laþon, ga-laþon, at-laþon, haitan.
Einladung laþons.
Einlösung faur-bauhts.
einmal hvan, ainamma sinþa, auf — suns.
einmütig sama-saivals, ga-viljis.
Einmütigkeit aina-mundiþa.
einpfropfen in-trusgjan.
einrichten at-ga-raihtjan.
einsam auþs.
einschlafen ana-slepan.
einschleichen, sich — uf-sliupan.
einschließen ga-lukan.
einschlüpfen uf-sliupan.
einsetzen ga-satjan.
Einsicht fraþi, frodei.
einst airis, suman.

einstimmig, — sein vaila hugjan.
eintauchen uf-daupjan.
einüben us-þroþjan.
einwickeln bi-vindan.
einzeln ainakls.
einzig ainaha, ein —er ains.
Eisen eisarn.
Eisenbande eisarna-bandi.
eisern eisarneins.
eitel us-viss, — werden pass. v. lausjan, Eitles redend lausa-vaurds, eitle
Ehre lausa hauheins, eitles Geschwätz
lausa-vaurd(e)i.
Eitelkeit us-vissi.
Eiter gunds.
Element stabs.
elend arms, vainags.
elf ain-lif.
Elle aleina.
Eltern berusjos, fadrein.
Empfangen, das — anda-nem.
empfangen niman, and-niman, — haben prt. v. and-niman
empfehlen gakannjan, anafilhan, sich Jent. — us-taiknjan sik du c. d.
Empfehlung ana-filh.
empfinden, Schmerz — vinnan, Reue — ga-idreigon.
Empörung drobna.
emporhalten uf-haban, darüber emporsteigen ufar-steigan.
Ende andeis, zu — bringen us-tiuhan,
zu — gehen uf-ligan.
endigen (in Briefunterschriften) us-tiuhan.
endlos andi-laus.
eng aggvus.
Enge aggviþa.
Engel aggilus.
Enkel barno barna p.
entäußern us-lausjan.
entbieten ana-biudan.
entbinden and-bindan.
entbrennen uf-brinnan.
entehren un-sveran.
entfliehen unþa-þliuhan.
entfremden framaþjan.
entfremdet framaþs.
entgegen anda-neiþs.
entgegengehen viþra-gaggan,ga-motjan.
viþra-ga-motjan, sie gingen ihm entgeg..
ur-runnun viþra-ga-motjan?imma.

entgegensetzen and-satjan.
entgegnen and-hafjan.
enthalten, sich — freidjan, gahaban sik, ga-þarban (sik), afhaban sik af. c. d.
enthaltsam ga-þaurbs.
Enthaltsamkeit ga-hobains.
entheiligen ga-mainjan.
enthüllen and-huljan.
Enthüllung and-huleins.
entkleiden and-vasjan, and-hamon.
entkommen unþa-þliuhan.
entkräftet werden pass. v. lausjan.
entlassen af-letan, af-satjan, fra-letan, — werden and-letnan.
entreißen, den Preis — ga-jiukan.
entrichten us-tiuhan.
entsagen af-qiþan.
entschlafen ana-slepan, ga-slepan.
entschuldigen faur-qiþan, sunjon.
Entschuldigung inilo.
Entsetzen us-filmei.
entsetzen af-satjan.
entsetzen, sich — us-geisnan, bi-abrjan, af-slauþnan.
entsetzt usfilma.
entstehen vairþan.
entstellen fra-vardjan.
entweder andizuh (aiþþau), jabai (aiþþau), jaþþe (jaþþe).
entziehen faur-dammjan.
entzündet werden tundnan.
er is.
Erbarmen armaio, ga-bleiþeins.
erbarmen, sich — arman, ga-arman, ga-bleiþjan, in-feinan.
erbauen timrjan.
Erbauung timreins, ga-timreins.
Erbe, das — arbi.
Erbe, der arbja, arbi-numja.
erbeben in-reiran.
Erbin arbjo.
erbitten us-bidjan, sich — aihtron.
erbittern in-gramjan.
Erbitterung þvairhei.
erblicken ga-saihvan.
Erbschaft arbi, hlauts, zur — berufen sein hlauts ga-satiþs visan.
Erdbeben reiro.
Erde airþa, aus — gebildet ga-digans.
Erbkreis midjun-gards.
Erbreistung us-balþei.
erbulden us-þulan, us-þuljan.

ereignen, sich — vairþan.
ereilen, etwas — ga-snivan.
erfahren finþan, ga-fraihnan, uf-kunnan, — von Jem. vitan fram c. d.
erfolglos sein us-driusan.
erforschen and-hruskan.
erfragen ga-fraihnan.
erfreuen gailjan.
erfüllen fulljan, us-fulljan.
erfüllt werden fullnan, us-fullnan.
Erfüllung us-tauhts, us-fulleins, in — gehen us-fullnan.
ergreifen greipan, ga-fahan, niman, und-greipan, dis-haban, fahan, fair-greipan.
ergeben, sich — haftjan (sik).
ergeben, dem Trunke — veinuls.
erhaben auhuma.
erhängen us-hahan red. v.
erhalten and-niman, ga-niman, wieder erhalten and-niman.
erhalten fastan, ga-bairgan, stehend — ga-stoþan, sich — sik fastan.
Erhaltung ga-freideins.
erheben us-hafjan, sich — us-standan, us-hafjan sik, ur-reisan, pass. v. ufblesan, sich über Jem. — hvopan ana c. a.
erhitzt werden uf-brinnan.
erhöhen hauhjan, us-hauhjan.
erhöhet werden us-hauhnan.
Erhöhung hauheins.
erhören and-hausjan.
erinnern maudjan, ga-maudjan, sich — ga-munan, and-þagkjan sik.
Erinnerung ga-maudeins.
erkannt us-kunþs.
erkaufen us-bugjan.
erkennen ga-kunnan, uf-kunnan.
Erkenntnis kunþi, uf-kunþi, doms, vitubni.
erklären ga-skeirjan, and-bindan, sich für gerecht — ga-raihtana qiþan sik.
Erklärung ske(i)reins, in-sahts.
erlangen bi-gitan, ga-tilon, ga-fahan, ga-rinnan, etwas — ga-snivan, Barmherzigkeit — pass. v. ga-arman.
Erlaß fra-lets.
erlassen fra-letan.
erlauben us-laubjan, es ist erlaubt skuld ist, erlaubt sein bi-nauhan.
erlaufen ga-rinnan.

Erleichterung iusila.
erleiden bairan.
erleuchten ga-liuhtjan, in-liuhtjan.
Erleuchtung liuhadei(ns), and-huleins.
erlöschen af-hvapnan.
erlösen lausjan, ga-lausjan, us-lausjan, us-bugjan.
Erlösung us-lauseins, fra-lets, us-luneins, laþons, faur-bauhts.
ermahnen talzjan, þrafstjan.
Ermahnung ga-þlaihts.
ermessen miton.
Ermessen, das — mitons.
ermüden vairþan us-grudja.
ermüdet af-mauiþs.
ernähren fodjan.
erneuern ana-niujan.
Erneuerung ana-niujiþa, aftra-anastodeins, Fest der — des Tempels in-niujiþa (τὰ ἐγκαίνια).
erniedrigen haunjan, ga-haunjan, hnaivjan, ga-hnaivjan.
Erniedrigung hauneins, hnaiveins.
Ernte asans.
ernten sneiþan.
Erntezeit asans.
Eröffnung us-luks.
erörtern, ausführlich — us-sakan.
erproben kiusan, ga-kausjan.
erprobt ga-kusans.
erquicken ana-hveilan, ana-þrafstjan, ga-þrafstjan.
erregen ga-vagjan, us-vagjan, ur-raisjan, Aufruhr — drobjan.
erscheinen þugkjan, svikunþs vairþan, at-augjan (sik).
Erscheinung ga-bairhteins, ga-kunþs, siuns.
erschrecken ga-þlahsnan intr. trf.: us-gaisjan, us-agjan.
erschrocken us-agiþs, us-filma.
erschüttern ga-vagjan.
ersehnt lustu-sams.
ersetzen us-fulljan.
erstatten fra-gildan.
erstaunt us-filma.
ersticken intr. afhvapnan, tr. afhvapjan.
erstrecken, sich — fair-rinnan.

erste fruma, frumist.
Erstgeborene fruma-baur.
ertöten dauþjan.
erträglich suts.
ertragen bairan, fra-bairan, us-bairan, ga-beidan, us-beidan bi c. d., þulan, us-þulan, us-þuljan.
erwachen ga-vaknan.
erwachsen us-vahsans.
erwägen and-hugjan.
erwählen ga-valjan.
erwarten venjan, ga-venjan, us-beidan, beidan c. g.
Erwartung vens, us-beisns.
erwecken, Kinder — ur-raisjan, Samen — ur-raisjan, wieder — anaqiujan.
Erweis us-taikneins.
erweisen us-taiknjan, erweist sich ustiuhada, (Ehre) — us-giban, einen Dienst — saljan.
erweitern, sich — us-rumnan, ur-rumnan.
erwerben ga-staldan, ga-vaurkjan, fair-vaurkjan.
erwidern and-hafjan viþra.
erwirken ga-vaurkjan, fair-vaurkjan.
Erz aiz.
erzählen spillon, ga-teihan, ausführlich — us-spillon.
Erzengel ark-aggilus.
erzielen ga-tilon.
es ita.
Esel asilus.
Eselin asilus.
essen itan, matjan, ga-matjan.
Essig akeit.
etwa aufto, hve, raihtis, þau, vait-ei, ob — ibai, ei aufto, ei hvaiva, oder — (Doppelfrage) þau.
etwas hva, vaiht, st. n., vaihts st. f.
euch, — welchen izvis-ei, — beiden gehörig iggqar.
euer izvar.
Evangelist aivaggelista.
Evangelium aivaggeli, aivaggeljo, das — verkünden merjan, aivaggeljan.
ewig aiveins.
Ewigkeit akds, aivs.
existieren visan.

— 14 —

Fabel spill.
Fackel hais.
Fänger nuta.
färben, mit Purpur — paurpuron.
fahren farjan (zu Schiff): us-leiþan, ga-leiþan.
Fall drus.
fallen at-driusan, ga-driusan, driusan, zur Last — us-agljan.
Fallstrick hlamma.
falsch, — schwören ufar-svaran, —er Bruder galiuga-broþar, —er Gott galiuga-guþ, —er Prophet galiuga-praufetus, —er Christus galiuga-xristus, —er Apostel galiuga-apaustaulus, —er Zeuge galiuga-veitvods.
Falte mail.
falten falþan.
Familie gards.
Fang ga-fahs.
fangen ga-lukan, ga-fahan, fra-hinþan, fahan, us-hinþan, niman, ga-niutan.
Fasten laus-qiþrei, fastubni.
fasten fastan.
faul lats, fuls.
Faustschläge geben kaupatjan.
fehlend vans adj.
feiern, ein Fest — dulþjan.
Feige smakka.
Feigenbaum smakka-bagms.
fein, —e Leinwand saban, byssus.
Feind fijands.
feindlich andaneiþs.
Feindschaft fijaþva.
Feld þaurp, haiþi, hugs.
Fels hallus, stains.
Fenster auga-dauro.
fern fairra, adv. — von fairra c. d., von — fairraþro.
fernerhin fram-vairþis.
fernhin landis.
Ferse fairzna.
Fessel bandi, kuna-vida, Fuß— fotubandi, Fuß—n eisarna bi fotuns gabugana, þo ana fotum eisarna, Zwangs— naudi-bandi.
Fest dulþs, Oster— dulþs, ein — feiern dulþjan, — der Erneuerung des Tempels in-niujiþa.

F.

fest ga-tulgiþs, ohne —en Stand unga-stoþs.
festbinden ga-bindan.
festgesetzt ga-raids.
festhalten ga-haban, fastan.
festhaltend anda-nemeigs.
feststehen standan, ga-staudan.
feststellen stiurjan, ga-stoþan.
Feststellung ga-sateins.
Fett smairþr.
Fettigkeit smairþr.
Feuchtigkeit qrammiþa.
Feuer fon, funa.
feurig funisks.
Fieber heito, brinno.
finden bi-gitan, finþan, Raum — gamotan.
Finger figgrs.
Fingerring figgra-gulþ.
finster riqizeins.
Finsterniß riqis.
Fisch fisks.
fischen fiskon.
Fischer nuta, fiskja.
flach ibns, die —e Hand lofa.
Flechte flahta, flahto.
flechten us-vindan.
Flechtwerk snorjo.
Fleck vamm.
Flecken (vicus) veihs, haims.
Flehen uf-bloteins.
Fleisch leik, mammo, mimz.
Fleischer skilja.
fleischlich leikeins.
fliehen þliuhan, af-þliuhan, ga-þliuhan.
Flötenspieler sviglja.
fluchen ubil qiþan, af-domjan, unþuþjan.
Flucht þlauhs.
Flug, im —e fortführen us-flaugjan.
Fluß ahva.
Flut flodus.
folgen laistjan, ga-laista visan od. vairþan, der folgende iftuma, —de Tag afar-dags.
folglich þan, nu.
fordern, von Jem. — lausjan af c.!d.
formen, aus Ton — deigan.
Former digands.
Forscher sokareis.

fort, weiter — framis.
fortbegeben, sich — sik afgiban.
fortfahren ana-aukan.
fortführen, im Fluge — us-flaugjan.
fortgehen af-leiþan, af-linnan, us-gaggan.
fortreißen fra-vilvan.
fortschicken us-sandjan.
fortschleichen, sich — uf-sliupan.
Fortschritt fram-gahts.
fortwährend fram-vigis.
fortziehen af-tiuhan, tiuhan.
fragen fraihnan.
Frau qens.
Frechheit, — im Streiten þrasa-balþei.
frei freis, — heraus andaugiba.
freigelassen fra-lets.
Freiheit frijei, freihals.
freilassen fra-letan.
freilich aufto.
freiwillig silba viljands, silba viljis, —e Gabe aivlaugia abv.: us lustum.
fremd alja-kuns.
Fremdling gasts.
fressen matjan, fra-itan.
Fresser af-etja.
Freude faheds, ansts, svegniþa — haben an etwas gavizneigs visan.
freudig gavizneigs, hlas.
freuen, sich — sifan, faginon.
Freund frijonds.
Freundin frijondi.
freundlich, — es Zureden gaþlaihts, — zureden ga-þlaihan.
Friede ga-vairþi, —en bringen ga-vairþi lagjan.
friedfertig ga-vairþeigs.
fröhlich, — sein vaila visan.
Fröhlichkeit hlasei.
Frömmigkeit ga-gudei.
froh, —e Botschaft vaila-mereins, —e Botschaft bringen vaila-spillon.
Frohlocken svegniþa.
frohlocken tarmjan, svegnjan, sifan, laikan.

fromm gaguds, gagudaba.
Frost frius.
Frucht kaurn, akran, — des Johannis-brotbaums haurn, — bringen ga-vrisqan.
fruchtlos akrana-laus.
früh air.
früher airis, faurþis.
Frühgeburt us-vaurpa.
Fuchs fauho.
füglich ga-tilaba.
fügsam ga-hvairbs.
führen ga-tiuhan, briggan, er wurde geführt tauhans vas, ein Leben — ald bauan.
Fülle fulleiþs, fullo, kaurei, us-fulleins, in — haben saþs visan, in — ver-leihen fulljan.
füllen fulljan.
Füllen fula.
fünf fimf.
fünfzehn fimf-taihun, der —te fimfta-taihunda.
fünfzig, eine Abteilung von — tevi.
für, — etwas und c. d., — immer framvigis, — etwas halten rahnjan, — etwas sorgen ga-karon, etwas — — sich einfordern lausjan sis.
Fürbitte liteins.
fürchten faurhtjan, and-sitan, ogan, sich — faurhtjan, ogan sis, sich nicht —d un-agands.
Fürst, — dieser Welt sa fairhvu ha-bands.
fürwahr jai.
Furcht faurhtei, agis, in — setzen og-jan, ohne — un-agands.
furchtlos unagein.
Furchtlosigkeit unagei.
furchtsam faurhts, — sein faurhtjan.
Fuß fotus.
Fußfessel fotu-bandi, —n þo ana fo-tum eisarna, eisarna bi fotuns, ga-bugana.
Futter vinja.

G.

Gabe giba, austs, aibr, kaurban, frei-willige — aivlaugia, — der Weis-sagung p. v. praufetja.
Gärtner aurtja.
Galgen galga.
Gang gaggs, sinþs.

ganz ga-hails, alls; — arm ala-þarba.
gar allis.
Garten, Kraut= aurti-gards.
Gasse gaggs, gatvo, faura-dauri.
Gast gasts.
gastfrei gasti-gods.
Gastfreund vairdus.
Gastfreundschaft gasti-godei.
Gastmahl nahta-mats, dauhts.
Gastwirt vairdus.
Gattung kuni.
Gau gavi.
Gaubewohner gauja.
geachtet svers, nicht — un-svers.
gebären ga-bairan, bairan, fitan, nicht gebärend un-bairands, geboren werden vairþan, der Geborene baur.
Gebäude ga-timrjo.
geben giban, at-giban, us-giban, lagjan, ana-filhan, and-staldan, c. a pers. u. d. der Sache, wieder — usgiban, kein Aergernis —b un-ufbrikands, Rat — ga-raginon, ein Zeichen — bandvjan, durch Zeichen zu verstehen — ga-bandvjan.
Geber gibands.
Gebet bida, uf-bloteins.
Gebiet marka.
gebieten baidjan, ga-raidjan, mit Drohen — ga-sakan.
Gebilde ga-digis.
gebildet werden ga-frisahtnan.
Gebirge bairgahei.
geboren werden vairþan.
Geborene, der baur.
Gebot ana-busns, vitoþ.
gebrauchen brukjan.
gebräuchlich biuhts.
gebrechlich ga-maids.
gebührend sves.
Geburt ga-baurþs.
Geburtsort ga-baurþs.
Geburtstag mel ga-baurþais.
Gedächtnis ga-munds, ga-minþi.
Gedanke muns, mitons, ga-mitons.
gedeihen þeihan, ga-þeihan.
gedenken munan, ga-munan.
Gebulb stiviti, þulains, us-þulains, usbeisns, us-beisnei, mit etwas — haben us-beidan ana c. d.
geduldig us-beisneigs.
geehrt svers, vulþags.

geeignet fagrs.
gefährdet bi-reks.
Gefährte, Reise—miþ-ga-sinþa,ga-sinþa.
gefällig, wohl — ga-leikaiþs, vaila anda-nems.
Gefängnis karkara.
Gefäß kas.
Gefahr bi-reikei, sleiþei, Todes — dauþeins.
Gefallen, Wohl — leikains, vilja, gods vilja, habe Wohl — vaila ga-leikaiþ mis, zu — sein leikan.
gefallen ga-leikan, leikan, samjan zu — suchen samjan, vorher — faura-ga-leikan.
gefangen, — führen us-hinþan, — halten ga-fahana haban, — nehmen fra-hinþan.
Gefangene bandja, fra-hunþans.
Gefangenschaft hunþs.
geflochten, — es Haar flahta, flahto.
gefunden, wurde — bigitans varþ.
gegen, (freundlich) und feindlich): viþra, Achtung — Jedermann all-sverei (bei Zahlen): sve, svasve.
Gegend fera, gavi, staþs, gaujans, p. airþa, land.
gegenseitig, sich — anrufen vopjan du sis misso.
Gegenstand stoma.
Gegenteil, im — þata viþra-vairþo.
gegenüber viþra, and-vairþis, —liegend viþra-vairþs.
gegenwärtig and-vairþs.
Gegenwart and-vairþi, in — in and-vairþja.
Gegner, — vor Gericht anda-staua.
geheiligt veihs, — werden veihnan.
geheilt, — werden hailjan sik, ga-hailnan.
geheim, im Geheimen: ana-laugniba.
Geheimnis runa, fulhsni.
Geheiß haiti.
gehen gaggan, ga-leiþan, us-leiþan,, skevjan, vraton, hvarbon, snivan, zu Jem. — at-haban sik du, zu weit — ufar-gaggan, in sich — in sis qiman, verloren — fra-qistnan, fralusnan, vorwärts — sniuhan, zu Ende — uf-ligan, in Erfüllung — us-fullnan, zu Grunde — fra-qistnan.

Gehör ga-hauseins, hauseins, hliuma, hliuþ.
gehören, Jem. — visan c. g., z. B. auch Du gehörst zu diesen jah þu þize is, zur Sache — du þaurftai fairrinnan, zu eigen —b sves.
gehörig, euch beiden — iggqar.
gehorchen and-hausjan, uf-hausjan.
Gehorsam uf-hauseins.
gehorsam ga-hvairbs, uf-hausjands.
geißeln bliggvan, us-bliggvan.
Geist ahma, mit dem — e auffassen ganiman, den — aufgeben us-anan, böser — skohsl.
geistig ahmeins.
geistlich ahmeins.
geizig faihu-friks.
gelangen fair-rinnan, zu etwas — gaqiman, zu Nutzen — ga-batnan.
Geld aiz, faihu, silubr, skatts, nach —e trachten hugjan afar faihau.
Geldbeutel puggs.
Geldgewinn faihu-ga-vaurki.
geldgierig, — sein faihu-geigan.
Geldkasten arka.
Geldstück skatts.
Geldwechsler skattja.
gelegen ga-tils, uhtiugs, adv. uhteigo.
Gelegenheit lev.
Gelehrter, Schrift — vitoda-laisareis, bokareis.
geleiten ga-sandjan.
Gelenk ga-viss.
geliebt liubs.
gelten ga-magan.
geltend machen stiurjan.
gelüsten gairnjan.
gemäß afar c. d., — der Wirkung bi toja.
gemein ga-mains, — machen ga-mainjan.
Gemeinde ga-mainþs.
gemeinsam ga-mains.
Gemeinschaft ga-maindei, ga-mainduþs, daila, sibja, us-met, ga-man(κοινωνία) — haben blandan sik, ga-daila vairþan.
gemeinschaftlich samana, adv. —es Mahl gabaur.
genau glaggvo, glaggvuba.
geneigt, zum Schlagen — slahals.
genesen ga-nisan.
Genesung ga-nists.
genießen and-niman, brukjan, niutan.

Genoß ga-man, ga-hlaiba, ga-hlaibs, ga-juka, ga-juko, Amts — ga-hlaiba.
Genüge, — leisten ga-nohjan, zur — gewähren ga-nohjan, ein — thun fulla-fahjan, zur — haben saþs visan, volle — haben ufar-assjan.
genügen ga-nauhan.
genug ga-nohs, — sein ga-nohnan, — werden ga-nohnan, geöffnet us-lukns, — werden us-luknan.
gepriesen þiuþeigs.
gerade raihts.
geräumig rums.
geraten, in Unruhe — ga-drobnan.
gerecht ga-raihts, raihts, us-vaurhts, adv. ga-raihtaba, für — erklären ga-raihtana domjan.
gerechtfertigt ga-raihtoza ga-taihans, — werden ga-raihts vairþan, für — halten ga-raihtana qiþan sik.
Gerechtigkeit ga-raihtei, us-vaurhts, ga-raihtiþa.
Gerede bi-rodeins, thörichtes — dvalavaurdei.
gereichen ga-gaggan, es gereicht mir zu ga-gaggiþ mis du.
Gericht ga-faurds, staua, Gegner vor — anda-staua.
Gerichtshaus praitoria.
gering halks, smals, geringer minniza, adv. mins, geringster minnists, undarleija, (ἐλαχιστότερος) spedumists.
gern ga-baurjaba, azetaba, us lustum, sehr — laþa-leiko.
Gerste, von — bereitet barizeins.
gersten barizeins.
Geruch dauns.
Gerücht meriþa, übles — us-qiss.
gerührt, — werden in-feinan.
Gesang saggvs.
Gesandter airus, — sein airinon.
Geschäft ga-vaurki, sein eigen — treiben taujan svesa.
geschehen vairþan, ga-gaggan (ga-gaggiþ mis du).
Geschenk giba, maiþms.
geschickt ga-manviþs, zum Lehren — laiseigs.
Geschirr, ehernes — katils.
Geschlecht ga-baurþs, kuni, afar (?), knoda (?), fadreins, fraiv, weiblichen —es qina-kunds.

2

Geschlechtsregister ga-baurþi-vaurd.
Geschöpf ga-skafts.
Geschoß, oberstes kelikn.
Geschrei hrops.
Geschwätz, leeres — lausa-vaurd(e)i,
 eitles — lausa-vaurd(e)i.
geschwätzig un-faurs.
Geschwür gunds, banja.
gesegnet þiuþeigs.
Gesell ga-daila, ga-man.
Gesellschaft, Reise — p. v. ga-sinþa.
Gesetz vitoþ, nach dem —e vitoda,
 Bewahrer des —es vitoda-fasteis,
 dem —e unterworfen in-vitoþs.
Gesetzeskundiger vitoda-fasteis.
Gesetzgebung vitodis ga-raideins.
Gesetzgelehrter vitoda-fasteis.
Gesetzlehrer vitoda-laisareis.
gesetzlos vitoda-laus.
gesetzmäßig vitodeigo, adv.
Gesetzwidrigkeit un-sibjana (ἀνομία).
gesetzt ga-faurs.
Gesicht, Gesichtsinn siuns, ins —
 schlagen vlizjan.
gesinnt, — sein hugjan.
Gesinnung ga-hugds, fraþi.
Gespräch ga-vaurdi.
gestärkt, — werden ga-svinþnan.
Gestalt laudi, vlits, manauli, leibliche
 — leikis siuns.
gestaltet,. wohl — skauns.
gestatten fra-letan.
Gestirn tuggl.
gesund hails, svinþs, — machen ga-
 nasjan, — werden ga-hailnan, ga-
 nisan.
getötet, — werden ga-dauþnan.
getrennt us-viss.
getrost, — sein þrafstjan sik.
Getümmel auhjodus.
gewähren at-kunnan, und-redan, zur
 Genüge — ga-nohjan.
Gewalt valdufni, reiki, nauþs, der —
 untergeben uf valdufnja ga-satids,
 mit — nehmen vilvan.
gewichtig kaurus.
Gewinn ga-vaurki.
gewinnen ga-vaurkjan, ga-geigan.
gewiß, ein —er Gru::b astaþs.
Gewissen miþ-vissei, þuhtus, das
 schwache — verletzen gahugd siukan
 slahan.

gewisser, ein — ains, sums.
Gewohnheit biuhti, sidus.
gewohnt biuhts.
geworfen, — werden ga-driusan.
geziemen ga-timan.
geziemend ga-temiba.
Gichtbrüchiger us-liþa.
Giebel gibla.
Gießbach rinno.
gießen giutan, übervoll — ufar-giutan.
Giftkunde lubja-leisei.
giftkundig lubja-leis.
glänzen glitmunjan, skeinan.
gläubig ga-laubeins.
Gläubiger dulga-haitja.
Glaube ga-laubeins.
glauben ga-laubjan, ahjan, munan
 prtpr, niman, ich glaube þugkeiþ mis.
Glaubensgenosse sves ga-laubeinai.
gleich ibna-leiks, sama-lauþs, sama-
 leiks, auf —e Weise sama-leiko,
 gleich groß sama-lauþs, — nach us,
 —es Brot habend ga-hlaibs, —en
 Geschlechtes sama-kuns, zu —er Zeit
 samana, — machen ga-ibnjan, das
 —e thun ga-leikon.
gleichen ga-leikon.
gleichfalls sama-leiko, adv.
gleichgesinnt sama-fraþjis.
gleichgestaltet ibna-skauns.
Gleichheit ibnassus.
Gleichnis ga-juko.
gleichstellen, sich — ga-leikon sik, ga-
 ga-leikon sik.
gleichwie sve, svasve.
Glied liþus, fera.
Gnade ansts, aviliud, —ngabe ansts,
 —nreich vaila andanems, —nvoll
 anstai audahafts.
gnädig ansteigs, hulþs, anda-nems.
göttlich gudisks.
Götze ga-liuga-guþ, —n guda, guþa,
 —nbild ga-liug, —ndiener galiugam
 skalkinonds,—ntempel galiuge-staþs.
Gold gulþ.
golden gulþeins.
Gott guþ, Götter guþa, guda, — weiß
 ob vaitei adv., falscher — ga-liuga-guþ.
Gottesdienst blotinassus, Lesabschnitt
 für den — laiktjo.
gottesfürchtig guda-faurhts, adv. gagudaba.

Gottesgestalt guda-skaunei.
Gotteshaus gud-hus.
Gottesverehrer guþ-blostreis.
gottlos af-guds, guda-laus, un-sibjis, un-airkns.
Gottlosigkeit af-gudei.
Gottseligkeit ga-gudei.
Grab hlaiv, aurahi, Gräber hlaivasna, nur im p.
Graben graba, mit einem — umgeben bi-graban.
graben graban.
Grabhöhle aurahi,—n hlaivasna nur im p.
Gras gras, havi.
grausam un-mana-riggvs.
greifen greipan, und-greipan, um sich —· alan.
Grenze marka.
Grenznachbarin ga-marko.
Grieche Kreks.
Größe mikilei, mikil-duþs, außerordentliche — ufarassus.
grollen neivan.
groß mikils adv. mikilaba, größer maiza, der größte maists, gleich — sama-lauþs, sehr — ufar mikil, ufar filu, so — sva-lauþs, wie — hve-lauþs, — machen ga-mikiljan, sich — machen flautjan.
Großmutter avo.
Grube groba, dal, Kelter — dal uf mesa.
gründen ga-suljan, us-satjan.
gründlich, — unterrichten us-laisjan.
grüßen goljan, sei gegrüßt hails.
Grund fairina, sauþa, grundu-vaddjus, Anklage — fairina, zu —e gehen fra-qistnan, zu —e richten us-qistjan af-dojan, ohne — svare.
Grundfeste tulgiþa.
Grundlegung ga-sateins.
Grundmauer grundu-vaddjus.
Gruß goleins.
Gürtel gairda.
Güte selei, þiuþeins.
gütig bleiþs, sels.
Gunst ansts, vilja-halþei.
gut gods, þiuþeigs, adv. vaila, —e Art airkniþa, —e Kost vaila-vizns.
Gut, Land — land, hugs?
Güter p. v. aihts.
Gutes þiuþ.
Gutmütigkeit ain-falþei.

H.

Haar tagl, geflochtenes — flahta, die —e abschneiden kapillon, skaban,
Haupt - skuft.
haben haban, aigan, ga-haban, nicht —b un-habands, gleiches Brot —b ga-hlaibs, Zeit —b uhteigs, Sorge — saurga haban, dahin — prt. v. and-niman, inne — ana-haban nötig — þaurban, den Anschein — þugkjan, in Fülle — saþs visan, mit etwas Geduld — usbeidan ana c. d. zur Genüge — saþs visan, volle Genüge — ufarassjan, Gemeinschaft — ga-daila vairþan, blandan sik, Mut — anananþjan, Sorgfalt — ga-þlaihan, Teil — ga-mainjan, einen Wortwechsel — sokjan.
habsüchtig faihu-gairns, faihu-friks, aglait-ga-stalds (αἰσχροκερδής).
Habsucht faihu-geigo, faihu-gairnei, faihu-frikei, bi-faiho.
Hälfte halba.
hängen, etwas — lassen hahan reb. v.
häufig ufta (πυκνός).
Hahn hana.
halb halbs.
Halle ubizva.
Hals hals, balsagga.
halten haban, ga-haban, fastan, ga-fastan, etwas — vitan, — für haban, rahnjan, dafür — domjan, munan prtpr, sich — sik fastan, sich für gerechtfertigt — ga-raihtana qiþan sik, sich nicht —b un-ga-habands, auseinander — dis-skaidan, gefangen — ga-fahana haban, für würdig — vairþana rahnjan, Eid — aiþans us-giban, Ostern — dulþjan, Rat — ga-runi niman, Wache — vitan.
Haltung fastubni.
Hand handus, die flache — lofa, die — auflegen lagjan handu, mit der

2*

— gemacht handu-vaurhts, nicht mit der — gemacht un-handu-vaurhts, mit leeren Händen laus-handus.
Handel, — treiben kaupon.
handeln kaupon, (thun) ga-taujan, leichtsinnig — leihtis brukjan, schändlich — aiviskon.
Handgeld vadi.
Handschrift vadja bokos p.
hangen hahan sw. v.
hart hardus, adv. harduba, — anlassen ana-haitan c. d.
Hartherzigkeit hardu-hairtei.
Haß hatis.
hassen fijan, hatjan, hatan.
Haufen hiuhma.
Haupt haubiþ, — Haar skuft.
Hauptmann hunda-faþs, þusundi-faþs.
Haus razn, gards, im — befindlich ingards, zum — gehörig inna-kunds.
Hausgenoß in-gardja, ga-dauka, innakunds.
Haushalter faura-gagga, faura-gaggja.
Haushaltung faura-gaggi.
Hausherr garda-valdands,heiva-frauja.
Hauswesen gards.
heben hafjan.
Heer harjis.
heftig abrs.
hegen, Mitleid — bleiþjan.
Heide, die haiþi.
Heide, der Kreks, die —n þiudos, þai þiudo.
Heidin haiþno.
heidnisch þiudisko adv.
Heil ga-nists, Heil! (Gruß) hails.
heil hails, ga-hails.
Heiland nasjands.
heilen hailjan, ga-hailjan, ga-nasjan, le(i)kinon, ga-leikinon.
heilig veihs, adv. veihaba.
heiligen veihan, ga-veihan.
Heiligkeit veihiþa.
Heiligung veihiþa.
heilsam hails.
Heilung le(i)kinassus.
Heimatsland haimoþli.
heimlich þiubjo.
Heimsuchung niuhseins.
heiraten liugan, ga-liugan.
heiß sein vulan.
heißen pass. v. haitan.

heiter hlas.
helfen hilpan, ga-hilpan.
hell bairhts, adv. bairhtaba, liuhadeins, — machen ga-bairhtjan.
Helle bairhtei.
Heller kintus.
Helm hilms.
her her, von — us, af, von innen — innaþro, von allen Seiten — allaþro, hinter — afar c. d., hin und reißen tahjan, vor Jem. — gehen faur-bi-gaggan, — kommen qiman.
herab, von — af, — fallen driusan, — nehmen at-hafjan, — steigen atsteigan, — werfen af-drausjan.
heraus ut, aus etwas — us, komm — hiri ut, —fallen us-driusan — fordern us-haitan, — gehen usgaggan — nehmen us-niman, — reißen? us-skarjan, — schneiden us-skarjan, —ziehen (das Schwert) us-lukan.
herbeibringen briggan, at-bairan, — führen briggan, — kommen anagaggan, — rufen at-vopjan, athaitan, —ziehen at-tiuhan.
Herberge saliþvos, p. — finden saljan, — nehmen us-saljan.
herbergen saljan.
herbringen at-tiuhan.
Herbe hairda, vriþus.
hernach biþe afar þata.
Herr frauja, fraujinonds, der leibliche — sa bi leika frauja, — sein fraujinon.
herrlich vulþags, —e Mahlzeit halten vaila visan bairhtaba.
Herrlichkeit vulþus.
Herrschaft reiki, valdufni, fraujinassus.
herrschen fraujinon, ga-fraujinon, þiudanon, roikinon, ga-valdan.
Herrscher reiks.
herstellen us-tiuhan.
herumführen, mit sich — bi-tiuhan.
herumstehen bi-standan.
hervorbringen us-bairan, ga-bairan, bairan.
hervorkeimen us-kijan, us-keinan.
hervorlaufen us-hlaupan.
hervorragen ufar-visan.
Herz hairþra, hairto, reines —ens brainja-hairts, zu —en nehmen galagjan du hairtin.

herziehen at-þinsan.
herzurufen vopjan, at-haitan.
Heu havi.
Heuchelei liutei.
heucheln litjan.
Heuchler liuta.
heuchlerisch liuts.
Heuschrecke þramstei.
heute himma daga.
hier her, —her hiri, hidre.
Himmel himins.
himmlisch himina-kunds, ufar-himina-kunds, von —er Abkunft ufar-himina-kunds.
hin, nach demselben Orte — samaþ.
hinab dalaþ, — fahren (zu Schiffe) at-farjan, — steigen ga-steigan, — stürzen af-drausjan, ga-drausjan.
hinauf iupa, von — af, weiter — hauhis.
hinaufgehen us-gaggan.
Hinaufnahme anda-numts.
hinaufsteigen us-steigan.
hinaufziehen (die Vorhaut) uf-rakjan.
hinaus ut, darüber — ufar-jaina, darüber — sehen (?) ufar-miton, darüber — wachsen ufar-þeihan.
hinausführen us-tiuhan.
hinausgehen ut-gaggan, us-gaggan, at-gaggan ut.
hinausschaffen us-dreiban.
hinaustragen us-bairan, ut-bairan.
hinauswerfen us-vairpan, us-kiusan.
hinausziehen (hinausführen) us-tiuhan.
hindern varjan, ana-latjan.
hindurcharbeiten, eine Zeit þairh-arbaidjan.
hindurchgehen þairh-leiþan, þairh-gaggan.
hindurchtragen þairh-bairan.
hineilen ga-snivan, ga-sniumjan.
hinein inn.
hineinsäen in-saian, — sehen þairh-saihvan, — senden in-sandjan, — steigen ga-steigan.
hinführen us-tiuhan, at-tiuhan.
hingeben at-giban, ga-levjan, das Leben — saivala lagjan.
hingehen gaggan, at-gaggan, ga-leiþan, hindar-leiþan.
hinkommen qiman, ga-sniumjan.
hinlaufen, zu Jem. — und-rinnan.
hinlegen ga-lagjan, at-lagjan, lagjan.
hinlenken ga-raihtjan.
hinreichen (darreichen) rahton.
hinreichend ga-nohs.
hinsehen, auf etwas — fair-veitjan du, in-saihvan.
hinsenden in-sandjan.
hinsetzen ga-satjan.
Hinsicht, in — auf in raþjon, in — in dailai, in dieser — in þizai halbai.
hinstellen ga-satjan, sich — standan sis.
hinten, von — aftana, aftaro, nach — aftaro.
hinter hindar, hindana, — her afar c. d.
hintere, —ste aftuma, hindumists.
hintergehen bi-faihon.
Hinterlage ana-filh.
hinterlassen bi-leiþan.
hinterlegt sein ga-lagiþs visan.
Hinterlist hindar-veisei.
hinterlistig hindar-veis.
Hinterteil (des Schiffes) nota.
hinüberfahren (zu Schiff) ufar-leiþan.
hinübergehen ufar-leiþan.
hinunter dalaþ.
hinunterlassen at-hahan.
hinwenden vandjan, ga-vandjan.
hinwerfen at-vairpan.
hinzufügen bi-aukan, ana-aukan, in-sakan.
hinzugehen at-gaggan.
hinzukommen at-standan, at-gaggan, ana-qiman.
hinzulaufen rinnan, at-rinnan.
hinzurennen du-rinnan.
hinzutreten at-standan.
hinzuwälzen at-valvjan.
Hirnschädel hvairnei.
Hirt hairdeis, die —en þai haldandans.
hoch hauhs, hoher Rat ga-faurds, höher auhuma, adv. hauhis, höchste auhumists, höchste Höhe hauhisti.
hochmütig hauh-hairts, hauh-þuhts, mikil-þuhts, — werden pass. v. ufblesan.
Hochmut hauh-hairtei, uf-svalleins.
höchstens maist.
Höhe hauhiþa, die höchste — hauhisti, in die — recken uf-rakjan, in die — sehen us-saihvan.
Höhle filigri, hulundi, groba.
Hölle halja.
hölzern triveins.

hören hausjan, ga-hausjan, and-hausjan, hausjon, auf Jem. — uf-hausjan.
Hof rohsns.
hoffärtig, — sein hauhaba hugjan.
hoffen venjan, nicht —b us-vena.
Hoffnung lubains, vens, ohne — us-vena.
Hoheit hauhiþa.
Hohepriester gudja, reikista gudja, ufar-gudja.
hold hulþs.
Holz triu.
Honig miliþ.
Horn haurn, þut-haurn, auf dem — blasen haurnjan, þut-haurnjan.
Hornbläser haurnja.
Hüfte hups.
Hügel hlains.

Hülfe, mit — þairh.
Hülle hulistr.
hüpfen laikan.
hüten haldan, sich vor etwas — vitan, at-saihvan.
Hütte hlija, hleiþra.
Hund hunds.
hundert hund, taihun-taihund, zwei — tva hunda, —fältig taihun-taihundfalþs.
Hunger huhrus, gredus.
hungern huggrjan, gredon, unpers.
Hungersnot huhrus.
hungrig gredags, die —en hugridai.
Hure kalkjo.
huren ga-horinon, horinon.
Hurer hors.
Hurerei horinassus, kalkinassus.

I.

ich ik.
ihr seins, poss. pr.
ihr, die — juzei.
ihrige, die —n svesai.
immer sinteino, für — fram-vigis, — zunehmen in etwas ufar-fulljan, was nur — þis-hvah mit folgendem þei oder þatei, wer nur — þis-hvazuh mit folg. ei, þei oder saei, wo nur — þis-hvaruh, wohin nur — þis-hvaduh.
in in, and, — Gegenwart in andvairþja, im Gegenteil þata viþravairþo, im Ueberfluß ufar-assau, im Uebermaß ufar-assau, — Beschlag nehmen ga-aiginon, ga-faihon.
inbrünstig sein vulan.
inne haben ana-haban.

innen inna, innana, von — her innaþro.
innere innuma, innerste innuma, im Innern inna.
Inneres brusts.
innerhalb inna, innana.
innig, —e Zuneigung brusts.
insgesamt alakjo.
inständig us-daudo.
inwendig innana, innaþro.
inzwischen miþþan.
irden airþeins.
irdisch airþeins, muldeins, airþa-kunds.
irgend ein sums; in neg. Sätzen: ainshun.
irre, — führen airzjan, — leiten usluton, — machen afairzjan, drobjan.
Irrlehre airzei.
Irrtum airziþa.

J.

ja jai, ja, þan-nu, — auch sogar nauh-uþ-þan.
Jahr jer, aþn, at-aþni, vintrus, das vergangene — fairnjo jer.
Jahrgeld anno.
jauchzen tarmjan.
je (zeitlich) hvan, kaum — halisaiv, wenn — jabai sveþauh jah.

je (distributiv), — zwei tveihnai, tvans hvanzuh: insandida ins tvans hvanzuh.
jedenfalls hveh.
jeder hvazuh, sa-hvazuh, ain-hvarjizuh, þis-hvazuh, alls, hvarjizuh.
jeder von beiden ain-hvaþaruh.
Jedermann, Achtung gegen — all-sverei.

jedoch, dann aber — þanuh þan svēþauh.
Jemand hvas, sums.
jener jains.
jenseits hindana, hindar, ufar.
jetzig so nu Jerusalem.
jetzt nu, ja, bis — und hita, von — an fram himma (nu).
Joch juk, jukuzi,
Johannisbrotbaum, Fruchtbes — haurn.
jüdisch iudavisks, adv.: iudaivisko,
— leben iudaiviskon.

Jünger siponeis, — sein siponjan, Mit — ga-hlaiba.
Jüngling jugga-lauþs.
Jugend junda.
jugendlich juggs.
jung juggs, niujis, jünger minniza, der jüngste Tag spedista dags, — er Bock gaitein, n., — e Kuh kalbo,
— e Ziege gaitein.
Jungfrau mavi, magaþs.
Jungfrauschaft magaþei.

K.

Kälte frius.
kämpfen veihan, haifstjan, driugan, jiukan.
Kaiser kaisar, — steuer kaisara-gild.
Kalb kalbo.
kalt kalds.
Kamel ulbandus.
Kammer heþjo.
Kampf vaihjo, brakja, drauhti-vitoþ, drauhtinassus.
Kasten arka.
kaufen bugjan, us-bugjan.
kaum, — je halis-aiv.
keimen keinan.
kein, — er ainshun (ni), sie hatten — e Kinder ni vas im barne, hat — en Wert für mich ni vaiht mis vulþris ist.
keineswegs ni þe haldis.
Kelch stikls.
Keltergrube dal uf mesa.
keltern trudan.
kennen kunnan, uf-kunnan, nicht — d un-kunnands, — lernen ga-kunnan sw. v.
Kenntnis kunþi, vitubni.
Kerker karkara.
Kessel katils.
keusch svikns.
Keuschheit sviknei, svikniþa.
Kind barn, frasts, magus, niu-klahs,
— sein barnisks visan, — er erwecken ur-raisjan, — erzeugen us-satjan barna, sie hatten keine Kinder ni vas im barne.
Kindchen barnilo.

Kinderei barniskei.
kinderlos un-barnahs.
Kindeskinder barne barna.
Kindheit barniski.
Kindheitslehre stabs.
kindisch barnisks, — es Wesen barniskei.
kindlich, — ehren barusnjan.
Kindschaft frasti-sibja, sunive ga-deds.
Kirche aikklesjo.
kitzeln suþjon.
Klage gaunoþus, vrohs.
Klagelieder singen hiufan, gaunon.
klagen, — b ausrufen gretan.
klar skeirs, adv. bairhtaba.
Klarheit bairhtei.
Kleid vasti, snaga, Zipfel am — skauts.
kleiden vasjan, ga-vasjan, sich womit
— ga-hamon.
Kleidung p. v. vasti, ga-feteins, ga-vascins.
klein • leitils, smals, niu-klahs, — er minniza, — ste minnists.
kleingläubig leitil ga-laubjands.
kleinmütig grinda-fraþjis.
Kleinmut niu-klahei.
Klingel klismo.
klingen klismjan.
klug froþs adv. frodaba, in-ahs, — machen us-fratvjan (σοφίζειν).
Klugheit frodei.
Knabe magus, magula.
Knäbchen magula.
Knecht magus, þiu-magus, skalks, þius,
— e þevisa p., Mit — ga-skalki.
kneten deigan.

Knie kniu, auf die — fallen, knussjan.
Knirschen, das — krusts.
knirschen kriustan.
König þiudans, — sein þiudanon.
Königreich þiudan-gardi, þiudinassus.
Königshaus þiudan-gardi.
können magan.
Körnchen kaurno.
Körper leik.
Kohle hauri.
Kohlenfeuer p. v. hauri.
kommen qiman, ga-qiman, at-qiman, gaggan, us-gaggan, ga-leiþan, urrinnan, snivan, komm! hiri! zur Besinnung — pass. v. us-skavjan, über Jem. — anaqiman, um etwas — us-driusan, vorwärts — þeihan, ga-þeihan, weiter — þeihan du filusnai.
Kopf haubiþ.
Kopfkissen vaggari.
Korb tainjo, snorjo, spyreida.
Korn kaurn, kaurno.
Kost, gute — vaila-vizns.
kostbar ga-laubs, ga-lubs, sehr — filu-ga-laubs.
Kosten, die — manviþos, p., auf eigene — svesaim annom.
kosten (schmecken) kausjan, at-snarpjan.
Kot fani, smarna.
kräftig svinþs, — machen tulgjan, supon, ga-supon.
Krähen, das hruks? hruk?
krähen hrukjan, vopjan.
Kränklichkeit sauhts.
Kraft svinþei, mahts, vaurstv, die — verlieren (vom Salz) bauþs vairþan.

kraftlos lasivs, vom Salz: un-saltans.
krank siuks, un-hails, — sein ubilaba haban, siukan.
Krankheit siukei, sauhts, un-haili.
Kranz vipja, vaips.
Kraut gras.
Krautgarten aurti-gards.
Krebs (Krankheit) gunds.
Kreuz galga.
kreuzigen hramjan, us-hramjan.
Krieg vigans.
Kriegsdienst drauhti-vitoþ, drauhti-nassus, —e thun drauhtinon, militon, driugan.
Kriegsleute militondans p.
Kriegsmann ga-drauhts.
Krippe uzeta.
krönen veipan.
Krone vaips, vipja.
Krug aurkeis, kas.
krumm vraiqs.
kühn, adv. balþaba, — sein balþjan.
Kühnheit balþei.
kümmern, sich — karon, sich — um saurgan bi, mich kümmert mik ist kara.
künftig, — sein ana-gaggan.
küssen kukjan, bi-kukjan.
Kuh, junge — kalbo.
kund kunþs, — thun kannjan, us-kannjan.
kundbar machen ga-fulla-veisjan.
Kunde kunþi, — von Jem. verbreiten us-merjan.
kurz leitils.
Kuß frijons, ga-frijons.

L.

lachen hlahjan, pass. v. uf-hlohjan.
Länge laggei.
Lärm aubjodus.
lärmen auhjon.
lässig lats, — machen latjan.
Lästerer ubil-vaurds.
lästern vaja-merjan, ana-qiþan, id-veitjan.
Lästerung vaja-merei, vaja-mereins, ana-qiss.
lästig, — sein latei visan.

Lager ligrs, — am Tisch kubitus, (Befestigung) bi-baurgeins.
lagern, sich — ana-kumbjan.
lahm halts.
Lamm lamb, viþrus.
Land land, þaurp, airþa, gavi.
Landbebauer airþos vaurstvja.
Landgut land, hugs?
Landpfleger kindins, faura-maþleis þiudos.
Landschaft gaujans p., land, gavi.

Landsleute in-kunjans, p.
lang (nur von der Zeit) laggs, eine Zeit — hvo hveilo.
so lange als und þata hveilos þei, unte, þan, þande, und c. a., so —e Zeitsvalaud melis, wie —e? und hva.
langmütig us-beisneigs.
Langmut lagga-modei, us-beisns, us-beisnei.
Lappen plats.
lassen letan, fra-letan, bi-leiþan, etwas — fra-letan, aufgehen — urrannjan, etwas hängen — hahan reb. v., regnen — rignjan, schweben — hahan reb. v., sich taufen — daupjan, übrig — bi-laibjan, sich verführen — pass. v. afairzjan, von sich — letan, im Zweifel — hahan reb. v.
Last kaurei, kauriþa, baurþei, zur — fallen us-agljan.
lasterhaft un-airkns.
Laub laufs.
Laubhüttenfest hleþra-stakeins (σκηνοπηγία).
Lauf runs.
laufen rinnan, þragjan.
laut, — ausrufen vopjan, — rufen vopjan.
lauter hlutrs.
Lauterkeit hlutrei, hlutriþa.
Leben libains, ein — führen ald bauan, das — hingeben saivala lagjan, das — wagen saivala ufar-munnon.
leben liban, vizon, jüdisch — iudaiviskon, unordentlich — un-ga-tassaba hvairban.
lebendig qius, — machen ga-quiujan, — gemacht werden ga-qiunan.
Lebewohl, — sagen and-qiþan.
ledern filleins.
Lederreif skauda-raips.
Lederriemen skauda-raips.
leer laus, —es Geschwätz lausa-vaurdi, mit —en Händen laus-handus, — machen us-lausjan, —en Magens laus-qiþrs.
legen lagjan, ga-lagjan, us-lagjan, ga-satjan, darauf — ufar-lagjan, darüber — ufar-lagjan, sich zu Tisch — ana-kumbjan.
Lehre laiseins, talzeins.

lehren laisjan, ga-laisjan, ga-talzjan, ga-taiknjan.
Lehren, das, zum — geschickt laiseigs.
Lehrer laisareis, talzjands.
lehrfähig laiseigs.
Lehrling laisiþs.
Leib leik, eines —es ga-leika (Bauch) vamba, Mutter — qiþus.
Leibesgröße vahstus.
leiblich leikeins, —e Gestalt leikis siuns, der —e Herr sa bi leika frauja.
Leichnam leik.
leicht leihts, azets, adv. azetaba; raþs.
Leichtigkeit azeti.
Leichtsinn leihts.
leichtsinnig, — handeln leihtis brukjan.
Leiden, das — þulains, vunns, vinno.
leiden ga-þulan, vinnan, ga-vinnan, arbaidjan, Brunst — in-tundnan, Schaden — ga-sleiþjan sik, oder pass. v. ga-sleiþjan, Schiffbruch — usfarþon ga-taujan.
Leidenschaft vinno.
leihen leihvan, für sich — leihvan sis.
Leinwand lein, feine — byssus, saban.
leisten and-bahtjan c. a., einen Dienst — and-bahtjan, Genüge — ga-nohjan.
leiten, irre — us-luton.
lernen laisjan sik, ga-laisjan sik, ganiman, kennen — ga-kunnan sw. v., ohne gelernt zu haben un-us-laisiþs.
Leseabschnitt, — für den Gottesdienst laiktjo.
lesen siggvan, us-siggvan, ga-kunnan, ana-kunnan.
Lesung ana-kunnains.
letzte, der — aftuma, aftumists, spedumists, in den letzten Zügen liegen aftumist haban.
Leuchte skeima, lukarn.
leuchten liuhtjan, lauhatjan, skeinan, ga-bairhtjan.
leuchtend liuhadeins.
Leuchter lukarna-staþa.
leugnen laugnjan, af-aikan.
Licht liuhaþ, liuhadei, liuhadeins, lukarn, ans — bringen ga-liuhtjan.
lieb liubs.
lieber haldis.
Liebe friaþva.
lieben frijon, geliebt liubs.
liebenswürdig liuba-leiks.

Liebeszeichen frijons.
liebevoll, — behandeln frijon.
liebkosen ga-þlaihan.
lieblich liuba-leiks, voþeis.
Lieblichkeit ansts.
lieblos un-milds.
liebreich friaþva-milds.
Liegen, das — am Tisch kubitus.
liegen ligan, at-vaurpans visan, gegenüber —b viþra-vairþs, nahe — at-
ligan, in den letzten Zügen — aftumist haban.
link hleiduma.
Linke, die — hleiduma.
Lippe vairilo.
Lift lists.
listig listeigs.
Lob hazeins.
loben hazjan, vaila-qiþan.
Lobgesang hazeins.
lobsingen liuþon.
Loch þairko.
löblich vaila-mers.

löchericht —er Weg us-drusts.
Lösegeld lun, anda-bahts.
lösen lausjan, etwas — and-bindan
sich — and-bundnan, gelöst werden
and-bundnan.
Lohn laun, anda-launi, mizdo.
Loos hlauts, es traf ihn das — hlauts
imma ur-rann.
los laus.
losbinden and-bindan, losgebunden
us-viss.
loskaufen us-bugjan.
Loskaufung faur-bauhts.
losmachen us-lausjan.
Lüge liugn, ga-liug.
lügen liugan, der nicht lügt un-liugands.
Lügenprophet liugna-praufetus.
Lügenredner liugna-vaurds.
Lügner liugnja.
Luft luftus.
Lust lustus, ga-baurjoþus, — haben
an etwas ga-vizneigs visan, die
sündhaften Lüste vinnons fra-vaurhte.

M.

Maal mail, stak.
machen vaurkjan, ga-vaurkjan, taujan,
ga-taujan, briggan, ängstlich — af-
svaggvjan, arm — ga-un-ledjan, —
daß Jem. auflacht uf-hlohjan, aufgeblasen — uf-bauljan, ufar-hauhjan, aufstehen — ur-raisjan, bekannt
— kannjan, ga-kannjan, us-kannjan, ga-svi-kunþjan, bereit gemacht
— ga-manviþs, dienstbar — ga-
þivan, geltend — stiurjan, gemein
ga-mainjan, gesund — ga-nasjan,
gleich — ga-ibnjan, groß — ga-
mikiljan, sich groß — flautjan, irre
— afairzjan, drobjan, klug —
(σοφίζειν) us-fratvjan kräftig —
(vom Salz) supon, ga-supon, kundbar ga-fulla-veisjan, lässig — latjan, lebendig — ga-qiujan, ana-qiu-
jan, lebendig gemacht werden —
ga-qiunan, leer — us-lausjan, los
— ga-lausjan, us-lausjan, zu Nutze
— ga-botjan, offenbar — ga-svi-
kunþjan, ga-liuhtjan, schwankend —
af-svaggvjan, selig — nasjan, sicht-

bar — ga-bairhtjan, stark — svinþjan, taub — ga-daubjan, tief — ga-
diupjan, machen, daß etwas im Ueberfluß vorhanden ist ufarassjan, übermütig — ufarhauhjan, verstockt —
ga-daubjan, vollkommen — us-tiuhan, vollständig — us-fulljan, weiß
— ga-hvaitjan, viele Worte — filuvaurdjan, würdig — vairþana briggan, zornig — in-aljanan, zweifeln
— tveifljan.
Macht mahts, valdufni.
Made maþa.
mächtig mahteigs, reiks, der —ste
reikista.
Mädchen mavi.
Mägdlein mavilo.
männlich gumeins, guma-kunds, vaira-
leiko, adv.
mästen aljan.
Magd þivi.
Magen suþns, qiþus, leeren —s laus-
qiþrs.
Mahl, Abend — nahta-mats, gemein-
schaftliches — ga-baur.

mahlen malan.
Mahlzeit, herrliche — halten vaila visan bairhtaba.
Mal sinþs, zum britten —e þridjo.
Mammon mammona.
mancher manags.
Mangel þarba, vaninassus, vanains, van, gaidv, bem — abhelfen þarbos us-fulljan.
mangelhaft vans.
Mann manna, guma, vair, aba.
Manna manna.
mannigfach, sehr — filu-faihs.
mannigfaltig manag-falþs.
Mantel hakuls, snaga.
Mark marka.
Markt maþl, ga-runs.
Maß mitaþs, mitadjo.
Maul munþs, das — verbinden faurmuljan.
Maulbeerbaum baira-bagms.
Meer marei.
Meeresstille vis.
mehr mais, haldis, um viel — und filu mais, je —, desto — hvan filu — mais þamma, — als was ufar þatei. — als ufar.
mehr, nicht — juþan ni, ju ni, ju ni þanamais.
mehren, sich — aukan, auknan, biauknan, managnan
Meile rasta.
mein meins.
Meineidige, der — ufar-svara.
meinen hugjan, munan prt. pr., þugkjan. — ich meine þugkeiþ mis, gavenjan, haban, qiþan.
meist þis-hun adv.
Meister talzjands.
Menge managei, managduþs, filusna, digrei, hansa, harjis, hiuhma, iumjo.
Mensch manna, streitsüchtiger — bihaitja.
Menschenalter alds.
Menschenmenge mana-seþs.
Menschenmörder mana-maurþrja.
Menschheit ala-mans.
menschlich mannisks.
Menschlichkeit manniskodus.
merken, auf etwas — gaumjan, sich — ga-tarhjan.

messen mitan.
Mietling asneis.
Milch miluks.
Milbe mildiþa, selei.
Minderung vanains.
Mine skatts.
Missethäter ubil-tojis.
Missethat missa-deds.
Mist smarna, maihstus.
mit miþ, — etwas Gebuld haben usbeidan ana c. d., — ber Hand gemacht handu-vaurhts, — Hülfe þairh, — Recht ga-raihtaba, — Jem. sprechen and-qiþan c. d.
Mitarbeiter ga-vaurstva.
Mitbürger ga-baurgja.
Miteinverleibter ga-leika.
Miterbe ga-arbja.
mitführen bi-tiuhan.
Mitgenoß ga-daila.
mithin eiþan.
Mitjünger ga-hlaiba.
Mitknecht ga-skalki.
Mitleid bleiþei, — hegen bleiþjan.
mitleidig bleiþs.
Mitmensch ga-man.
mitnehmen ga-niman, and-niman, usbairan.
Mittagsmahl un-daurni-mats.
Mitte miduma.
mitteilen ga-mainjan, at-giban, dailjan, lagjan.
mitten midjis, — burch (midja) þairh.
Mittler midumonds.
Mitwissen miþ-vissei.
möchte doch vainei.
möglich mahteigs.
Mörder vai-dedja.
Monat menoþs.
Monb mena.
Morb maurþr.
morben maurþrjan.
morgen gistra-dagis.
Morgen maurgins.
Morgenzeit uhtvo.
Motte malo.
Mühe, mit — arbeiten vinnan arbaidai.
Mühlstein asilu-qairnus.
müssen skulan, bi-nauhan.
Müßige, eine — un-vaurstvo.
Mund munþs.

Mundart razda.
murren bi-rodjan — wider and-staurran.
Musik p. v. saggvs.
Mut mods, — haben ananan þjan.
mutig, — sein ga-trauan.

mutlos us-grudja, — werden vairþan us-grudja, un-lustau vairþan.
Mutter aiþei.
Mutterleib kilþei, qiþus.
Myrrhe smyrn.

N.

nach afar (präp.), afta (abv.), — demselben Ort hin samaþ, — dem Gesetze vitoda, gleich — us, — hinten aftaro, — oben iupa, — Jem. sehen gaveison, — etwas streben uf-þanjan sik du.
nachahmen ga-leikon.
Nachahmer ga-leikonds, miþ-ga-leikonds.
Nachbar ga-razna, bi-sitands.
Nachbarin ga-razno.
nachdem afar þatei, biþe, —, je nachdem er gethan hat afar þaimei gatavida.
nachdenken þagkjan.
nachfolgen laistjan, afar-laistjan, ga-laista visan, afar-gaggan.
Nachfolger ga-laista.
nachfragen and-hruskan.
nachgehen afar-gaggan, laistjan, einer Sache — ga-laistjan.
nachher þaþroh, biþe, — aber afaruh þan.
Nachkomme barn, —n fraiv.
Nachkommenschaft? afar.
Nachsabbat afar-sabbatus.
nachspüren bi-niuhsjan.
nachstehen, anderen — vans visan ufar anþarans.
Nachsteller ferja.
Nachstellung lists.
nachstreben afar-laistjan, laistjan.
Nacht nahts, schlaflose Nächte p. v. vokains.
Nachtessen nahta-mats.
Nachtwachen p. v. vokains.
Nacken? balsagga.
nackt naqaþs.
Nacktheit naqadei.
Nadel nêþla.
nähen siujan.
nähern, sich — nehvan sik, atnehvan, sich Jem. — at-haban sik du.
nämlich þat-ist, raihtis.
nahe nehv abv.: nehva, — an nehv,

— zu nehv, näher nehvis abv., ein dem Tode Naher svulta-vairþja.
nächste iftuma.
Nächste, der nehvundja.
Nahrung fodeins, us-fodeins, vaila-vizns.
Name namo.
Narbe nardus.
Narr dvala.
Natter nadrs.
Natur vists.
nehmen niman, fra-niman, and-niman, ga-faihon, fair-greipan, Abschied — tvis-standan, and-qiþan, sich vor etwas in Acht — at-saihvan, auf sich — us-bairan, us-niman, in Besitz — fra-niman, in Beschlag — ($πλεονεκτεῖν$) ga-aiginon, gafaihon, zur Ehe — liugan, gefangen — frahinþan, mit Gewalt — vilvan, Herberge — us-saljan, in Schutz — vitan, teil — ga-mainjan, niutan, zum Weib — ga-liugan, zu sich — and-niman, ga-niman.
Neid neiþ.
neigen, sich — hneivan, zum Tode sich —d svulta-vairþja.
nein ne.
nennen namnjan, ga-namnjan, haitan, vopjan, qiþan.
neu niujis.
neugeboren niu-klahs.
Neuheit niujiþa.
Neuling ($νεόφυτος$) niuja-satiþs.
neun niun, neunte niunda, neunzig niun-tehund.
Netz nati.
nicht nih, ni, niu, Fragepartikel: nei, durchaus — ni vaihtai, daß — ibai, bei ni, — daß ni þatei, doch — daß svêþauh ni, nur daß — þatainei ibai, — deshalb daß ni þeei, — als ob ni þatei, — als wenn sve-þauh ni, ni þeei, — nur —: sondern auch

ni þatainei — ak jah, — nur, sondern auch ni þatainei — ak (jah), — das allein — sondern auch ni þatain — ak jah, nicht aufhörend un-sveibands, — geachtet un-svers, — gebärend un-bairands, — geliebt un-liubs, — erlöschend un-hvapnands, — habend un-habands, sich — haltend un-ga-habands, — mit der Hand gemacht un-handu-vaurhts, — hoffend us-vena, — kennend un-kunnands, — mehr ju ni, juþan ni, — probehaltig un-ga-kusans, — redend unrodjands, — sehend un-saihvands, — tragend un-bairands, — weil ni þatei, wenn — niba, wo — ei-þau.
Nichtbeschneidung un-bi-mait.
nichtig laus, — sein us-driusan.
nichts ni vaihts, in — ni vaihtai, um — ni und vaiht.
Nichtschonung un-freideins.
Nicht=Volk, ein — un-þiuda.
nieder dalaþ.
niederfallen driusan, vor Jem. — atdriusan du c. d.
niederlegen ana-hneivan, sich — anakumbjan.
niedersetzen, sich — ga-sitan.
niederwerfen ga-drausjan, ga-brikan, ga-vairpan.
niedrig hauns, hnaivs, un-hrains.
Niedrigkeit hauneins, hnaiveins.
niemals ni hvanhun.
Niemand ni manna, manna ni, ni mannahun, ainshun (ni), ni hvashun.
noch nauh, nauh-þan, þana-mais, þanaseiþs, dann — þanuh þan, und — nauh uþþan, weder — ni-ni, nih-nih.
nötig þaurfts, naudi-þaurfts, þarbs, — haben þaurban.
nötigen nauþjan, ana-nauþjan, gabaidjan.
Not nauþs, þaurfts, arbaiþs.
notbürftig naudi-þaurfts.
Notburft anda-vizns.
nüchtern laus-qiþrs (übertragen): vars, us-skavs, ga-faurs, — sein pass. v. us-skavjan.
Nüchternheit laus-qiþrei (übertragen): in-ahei.
nützen botjan, sich — þaurft ga-taujan sis.
nützlich bruks, þaurfts.
nun nu, ju, þau, þaruh, —uh (Frage): nuh, da — þanuh þan, darum — þanuh þan, demnach — þannu nu, denn — jah þan, so — svaþþan, von — an fram himma (nu).
nur þat-ainei, alja, hveh, hveh þatainei, nicht — sondern auch ni þatainei-ak(jah), was — immer þis-hvah, mit folgendem þei oder þatei, wer — immer þis-hvazuh, mit folg. ei, þei oder saei, wo — immer þishvaruh, wohin — immer þis-hvaduh.
Nutzen bota, sich — bereiten þaurft ga-taujan, zu — gelangen ga-batnan, zu — machen ga-botjan.

O.

o! jai.
ob ei, jau, þatei, — denn ? ibai, — etwa ei aufto, ei hvaiva, ibai, — nicht als — ni þatei, - wohl ibai, oben iupa, nach — iupa, oberste — auhumists, — oberste Geschoß kelikn.
Oberster reiks, reikista, faura-maþleis.
Oberhauptmann þusundi-faþs.
Oberpriester ufar-gudja.
Oberzöllner faura-maþleis motarje.
obgleich sveþauh, sveþauh ei.
Obrigkeit reiki, reiks, in ufarassau visands.
obrigkeitlich, —e Person: in ufarassau visands.
Obstwein leiþu oder leiþus?
Ochse auhsa.
oder aiþþau, entweder — jaþþe-jaþþe, jabai-aiþþau, andizuh-aiþþau, — bei Doppelfragen: þau.
öde auþs.
öffentlich adv. and-augiba, and-augjo, in bairhtein.
öffnen us-lukan, sich — us-luknan.
Oeffnung us-luks.
Oehr þairko.
Oel alev.

Oelbaum aleva-bagms.
Oelberg fairguni alevjo.
Ofen auhsns.
offen us-lukns, adv. (bildlich) andaugjo, andaugiba.
offenbar us-kunþs, svi-kunþs, bairhts adv. and-augjo, bairhtaba, — machen ga-svi-kunþjan, ga-liuhtjan, — werden svi-kunþs vairþan, in svi-kunþamma qiman.
offenbaren bairhtjan, ga-bairhtjan, and-huljan.
Offenbarung and-huleins.
offenkundig svi-kunþs.
oft ufta, jo — als sva ufta sve.
ohne inuh c. a., — Ehre un-svers, — Grund svare, — Opfer un-hunslags, — Schuld-feiend un-ga-fairinonds,
— bleibende Stätte un-ga-stoþs, — festen Stand un-ga-stoþs, — Tadel us-fairina, — Unterlaß un-sveibands, — Ursache arvjo, — Versöhnung un-hunslags, — Zögern sprauto.
ohnmächtig un-mahteigs.
Ohr auso, hliuma.
ohrfeigen kaupatjan.
Opfer hunsl, sauþs, —darbringen saljan.
Opfergabe aibr.
opfern saljan, ga-saljan, uf-sneiþan, at-bairan, hunsljan.
Opferstätte hunsla-staþs.
Ordnung tevi, teva.
Ort staþs, — nach demselben —e hin samaþ.
Osterfest dulþs.
Ostern, — halten dulþjan.

P.

Paar juk, ga-juk, ein — Schuhe ga-skohi.
Palmbaum peika-bagms.
Panzer brunjo.
Paradies vaggs.
passen ga-timan.
passend ga-tils, ga-tilaba adv., ga-dobs, sves, fagrs.
Pein balveins.
Pergamentrolle maimbrana.
Perle marikreitus.
Person and-vairþi, obrigkeitliche — in ufarassau visands, Ansehen der — vilja-halþei.
Pfand vadi.
Pfandbrief vadja-bokos, p.
pfeifen sviglon.
Pfeifer sviglja.
Pfeil arhvazna.
Pfennig assarjus.
pflanzen us-satjan, satjan.
pflegen varmjan, der Sinnlichkeit — leikis mun taujan.
pflügen arjan.
Pflug hoha.
Pforte daur.
Pfund pund, skatts, daila ($\mu\nu\bar{a}$).
Plage slahs, vundufni.
Plan ga-rehsns.
Platz staþs.
plötzlich suns, anaks, un-veniggo.
Posaune þut-haurn, auf der — blasen þut-haurnjan.
Possen saldra.
Prätorium praitoria, praitoriaun.
Prahler bi-haitja.
prahlerisch flauts.
predigen merjan, vaila-merjan, kannjan.
Predigt mereins, vaila-mereins, hauseins (das Gehörte).
Preis anda-vairþi, vairþs, sigis-laun, den — entreißen ga-jiukan.
preisen mikiljan, hazjan, hauhjan, þiuþjan, aviliudon, ga-kannjan, selig — audagjan.
Priester gudja, veiha, Hoher — ufar-gudja, reikista gudja, gudja.
Priesteramt, das — verrichten gudjinon.
Priesterschaft praizbytair(e)i.
Priestertum gudjinassus.
probehaltig, nicht — un-ga-kusans.
Probehaltigkeit kustus.
Prophet praufetus, praufetes, falscher — galiuga-praufetus.
Prophetin praufeteis.
prophezeihen praufetjan.
Prophezeihung praufeti, praufetja.
prüfen kiusan, ga-kiusan, us-kiusan, kausjan.

Prüfung kustus, ga-kusts.
Psalm psalma, psalmo.

Punkt stiks, vrits.
Purpur(kleid) paurpura.

Q.

quälen balvjan.
Qual balveins.

Quell brunna.

R.

Rache fra-veit.
rächen ga-vrikan, fra-veitan.
Rächer fra-veitands.
Räthsel fri-sahts.
Räuber vilva, vai-dedja.
räuberisch vilvands.
Rast rasta.
Rat ragin, hoher — ga-faurds, — geben ga-raginon, — halten ga-runi niman.
raten ga-raginon.
Ratgeber ragineis.
Ratsbeschluß runa.
Ratsherr ragineis.
Ratschlag mitons.
Ratschluß ga-rehsns, ragin, muns.
Raub vulva.
rauben vilvan, fra-vilvan.
Rauchopfer þymiama, das — darbringen saljan.
Raum rums, staþs, — finden ga-motan.
Rebe tains.
Rechenschaft raþjo.
rechnen rahnjan.
Rechnung raþjo.
Recht, mit — ga-raihtaba, — schaffen ga-vrikan.
recht raihts, vitodeigo, adv. raihtaba, ga-raihtaba, vitoda, vaila, zu —er Zeit uhteigo, adv. — behandeln raihtaba raidjan.
Rechte, die — taihsvo.
rechtfertigen ga-raihtjan, ga-raihtana domjan, qiþan oder ga-teihan, ga-raihtana oder us-vaurhtana ga-domjan, domjan; sunjon, ga-sunjon.
rechts taihsva.
Rechtschaffenheit selei.
Rechtsstreit staua.
recken, in die Höhe — uf-rakjan.

Rede maþleins, ga-vaurdi, vaurd.
Reden, vieles — filu-vaurdei.
reden rodjan, maþljan, qiþan, Eitles —b lausa-vaurds, nicht —b un-rod-jands.
Regel ga-raideins.
Regen rign.
Regierung þiudinassus.
regnen rignjan, — lassen rignjan.
Reich reiki, þiudan-gardi, þiudinassus, König — þiudan-gardi, þiudinassus.
reich gabigs, — sein gabignan, managnan.
reichen fair-rinnan.
reichlich gabigaba, adv., — vorhanden sein managnan, sich — zeigen — us-managnan.
Reichtum gabei, faihu-þraihns, mammona.
Reif, Leder — skauda-raips.
rein hrains, hlutrs, svikns, adv. sviknaba, aus —er Absicht sviknaba, —es Herzens hrainja-hairts.
Reinheit hrainei, svikniþa, sviknei, airkniþa, un-vammei.
reinigen hrainjan, ga-hrainjan.
Reinigung hraineins, ga-hraineins, svikneins.
Reise vratodus.
Reisegefährte ga-sinþa, miþ-ga-sinþa.
Reisegesellschaft p. v. ga-sinþa.
reisen vraton.
reißen tahjan, aus einander — tahjan, hin= und herreißen tahjan.
reißend vilvands.
reizen gramjan, in-aljanon, us-haitan.
Rennbahn spaurds.
rennen rinnan.
retten nasjan, ga-nasjan, ga-lausjan, gerettet werden: ga-nisan.

Rettung naseins.
Reue idreiga, — empfinden ga-idreigon.
richten stojan, ga-stojan, af-domjan, ga-raihtjan, us-sokjan, zu Grunde af-dojan, us-qistjan.
Richterstuhl staua-stols.
Richtschnur ga-raideins.
Riemen, Leder — skauda-raips.
rings, — umher bi-sunjane.
Riß ga-taura.
Rock paida.
Rohr raus.
Rost nidva.
rot rauds.
rückwärts ibuks, aftra, aftaro.

Rühmen, das hvoftuli.
rühmen, sich — hvopan.
rühren; gerührt werden in-feinan.
Rüstung sarva, p.
rütteln ga-vigan.
Ruf (Geschrei) hrops, (Gerücht) meriþa.
rufen hropjan, uf-vopjan, haitan, at-haitan, laut — vopjan, zu Jemand — vopjan du.
Ruhe rimis, ga-hveilains.
ruhen ga-hveilan sik.
ruhig, — sein ana-silan, slavan.
Ruhm hvoftuli.
Runzel mail.
Rute vandus.

S.

Saat atisk.
Saatfeld atisk.
Sabbat sabbatus, sabbato, Tag vor dem — fruma sabbato.
Sache vaihts, zur — gehören du þaurftai fair-rinnan, —n p. v. aihts.
Sänger liuþareis.
sättigen ga-soþjan.
Sättigung soþ.
Säufer veina-drugkja.
säugen daddjan.
Säule sauls.
Sage spill.
sagen qiþan, dagegen — and-hafjan viþra, Lebewohl — and-qiþan, die Wahrheit — sunja ga-teihan.
Saitenspiel p. v. saggvs.
Salbe salbons.
salben salbon, ga-salbon.
Salz salt, die Kraft verlieren (vom Salze) bauþs vairþan.
salzen saltan red. v.
Same fraiv, —n erwecken ur-raisjan.
sammeln lisan, ga-lisan, rikan, huhjan, Schätze — huzdjan.
Sammlung ga-baur.
Sand malma.
sanft suts.
sanftmütig qairrus.
Sanftmut muka-modei, qairrei.
Sarg hvilftri.
satt saþs.
Satzung ga-raihtei.

Sauerteig beist.
Saum, — am Kleid skauts.
schaben skaban.
Schaden sleiþa, skaþis, — leiben ga-sleiþjan sik oder pass. v. ga-sleiþjan.
schaden skaþjan, ga-skaþjan, ga-sleiþjan, holon.
Schädel, Hirn— hvairnei.
schädlich skaþuls.
schämen, sich — skaman sik, ga-skaman sik, der sich nicht zu — braucht un-aivisks.
schändlich, — handeln aiviskon.
Schärfe, mit — hvassaba.
schätzen ga-rahnjan.
schäumen hvaþjan.
Schaf lamb.
schaffen ga-skapjan, Recht — ga-vrikan.
Schafherde aveþi.
Schafstall avistr.
schalkhaft un-sels.
Schalkheit un-selei.
Schall drunjus.
Schamhaftigkeit ga-riudjo.
Schande skanda, aiviski, un-sverei, zu —n werden pass. v. ga-aiviskon.
schandlos un-aivisks.
Schar hansa, tevi.
Schatten skadus.
Schatz huzd, Schätze sammeln huzdjan.
Schaubrote hlaibos, faur-lageinais.
Schauen, das — siuns.
Schauer skura.

Schaum hvaþo.
Schauspiel fair-vitl.
scheren skaban, bi-skaban.
Scheffel mela.
Scheibe fodr.
Scheidebrief af-stassais bokos, bokos af-sateinais.
scheiden skaidan, ga-skaidan, sich — skaidan (sik), ga-skaidnan.
Scheidewand miþ-garda-vaddjus p., faþa.
Scheidung ga-skaideins.
Schein (vom Licht) liuhaþ, (Gegensatz zu Wirklichkeit) hivi.
scheinen skeinan, þugkjan.
Scheinheiligkeit liutei.
Schelle klismo.
schelten and-beitan, ana-haitan c. d. ga-hvotjan.
Schemel fotu-baurd.
schenken fra-giban.
scheuen and-sitan, sich vor Jem. — aistan, ga-aistan.
Scheuer bansts.
schicklich ga-dobs.
schieben, von sich af-skiuban.
Schiff skip, Hinterteil des —es nota.
Schiffbruch, — leiden us-farþon gataujan.
schiffen farjan.
Schild skildus.
Schilling skilliggs.
Schimpf idveit.
schimpflich agls.
Schlachten, das — slauhts.
schlachten uf-sneiþan.
Schlachtschafe lamba slauhtais.
Schlaf sleps.
schlafen slepan, ga-slepan.
schlaflos, —e Nächte p. v. vokains.
Schlag slahs.
schlagen slahan, bliggvan, us-bliggvan, stautan, ins Gesicht — vlizjan, zum Schlagen geneigt slahals.
Schlange vaurms.
Schlauch balgs.
Schlauheit filu-deisei.
Schlechtigkeit un-selei.
schleichen sliupan.
schlicht slaihts.
schlimm, —er vairsiza, adv. vairs, —er werden þeihan du vairsizin.

Schlinge hlamma, vruggo.
schlüpfen sliupan.
Schmach id-veit, un-sverei.
schmähen id-veitjan, laian, ga-naitjan, ubil-vaurdjan, un-sveran, ana-mahtjan, us-þriutan, ana-qiþan; —b vorwerfen id-veitjan.
schmähsüchtig ubil-vaurds.
Schmähung id-veit, ana-mahts.
schmal þraihans.
Schmauserei ga-baur.
schmecken kausjan.
Schmerz agliþa, vunns, — empfinden vinnan.
Schmied aiza-smiþa.
schmieden ga-smiþon.
schmieren ga-smeitan.
Schmuck ga-feteins.
schmücken fetjan.
Schnee snaivs.
schneiden sneiþan.
schnell sprauto, — ausführen ga-maurgiþ taujan.
schön skauns, gods.
Schöpfung ga-skafts.
schon juþan, ju.
schonen freidjan, hleibjan.
Schoß skauts, barms.
schräg vraiqs.
Schreck reiro.
Schrecken agis, us-filmei.
schrecken ogjan, Jem. — þlahsjan.
schreiben meljan, ga-meljan; etwas darüber — ufar-meljan.
Schreibtafel spilda.
schreien hropjan, zu Jem. — vopjan du.
Schrift ga-meleins, p. v. mel, p. v. boka, þata ga-melido ober ga-meliþ, —en p. v. mel.
Schriftgelehrter bokareis, vitodalaisareis.
Schritt grids.
Schüler siponeis, — sein siponjan.
Schüssel mes.
schütteln tahjan, ga-vigan, viþon.
Schuh skohs, ein Paar — ga-skohi.
Schuld fairina, dulgs, außer — us-fairina, ohne — seiend un-ga-fairinonds.
schuldig skula, — sein skulan.
Schuldige, das — skuldo.
Schuldiger skula.

schuldlos un-ga-fairinoþs.
Schuldner skula, dulgis skula, faihuskula.
Schulgezänk us-balþei.
Schulter amsa.
Schutz, in — nehmen vitan.
schwach siuvs, lasivs, un-mahteigs, gamaids, das —e Gewissen verletzen gahugd siukan slahan, — sein siukan.
Schwachheit siukei, un-mahts.
Schwärze svartizl.
Schwätzer lausa-vaurds.
Schwamm svamms.
schwanger in-kilþo, qiþu-hafts, habandei, — werden ga-niman.
schwankend, — machen af-svaggvjan.
schwarz svarts.
schweben, etwas — lassen hahan red. v.
Schwefel svibls.
Schweigen þahains.
schweigen þahan, ga-þahan, slavan, gaslavan, ana-silan.
Schwein svein.
Schweißtuch aurali, fana.
schwer kaurus, aglus adv. agluba, — redend stamms.
Schwere kaurei.
schwerlich agluba.
Schwert hairus, meki.
Schwester svistar.
Schwiegermutter svaihro.
Schwiegertochter bruþs.
Schwiegervater svaihra.
schwierig aglus.
schwören svaran, falsch — ufar-svaran.
Scorpion skaurpjo.
See mari-saivs.
Segen þiuþeins, vaila-qiss, aivlaugia.
segnen ga-þiuþjan, þiuþjan.
Segnung þiuþi-qiss.
sehen saihvan, ga-saihvan, bi-saihvan, gaumjan, sehet sai, siehe sai, auf etwas — fair-veitjan du, at-saihvan, vitan, mundon sis, darüber hinaus — ufar-miton, in die Höhe — us-saihvan, nach Jem. — ga-veison, nicht —b un-saihvands, —b werden us-saihvan.
Sehkraft siuns.
Sehnsucht gairnei.
sehr filu, mikilaba, abraba, harduba, us-sindo, — groß ufar mikil, ufar

filu, — kostbar filu-galaubs, — mannigfach filu-faihs, — zunehmen ufarvahsjan.
Seil, an —e binden in-sailjan.
sein, pron. seins.
sein, verb. visan, aus etwas — visan, barmherzig — bleiþjan, ga-bleiþjan bereit — habaiþ visan, bewußt — miþ vitan, da — at-visan, in-visan, visan: laisareis qam der Lehrer ist da, dienstbar — skalkinon, breist — ga-daursan, ga-trauan, durstig — af-þaursiþs visan furchtsam—faurhtjan, zu Gefallen — leikan, gelbgierig — faihu-geigan, genug — ga-nohnan, Gesanter — airinon, gesinnt — hugjan, getrost — þrafstjan sik, heiß — vulan, Herr — fraujinon, hoffärtig — hauhaba hugjan, hinterlegt — ga-lagiþs visan, inbrünstig — vulan, Jünger — siponjan, Kind — barniskos visan, krank — ubilaba haban, kühn — balþjan, künftig — ana-gaggan, lästig — latei visan, Landpfleger — raginon, mutig — ga-trauan, nüchtern — pass. v. us-skavjan, reich — gabignan, managnan, ruhig — slavan, ana-silan, ohne Schuld —b un-ga-fairinonds, schwach — siukan, von Sinnen — us-geisnan, in Sorge — saurgan, stark — in-svinþjan sik, Statthalter — raginon, still — slavan, stolz — ufar-hugjan, teilhaftig — fair-aihan, thöricht — dvalmon, traurig — saurga haban, über etwas — ufar-visan, im Ueberfluß vorhanden — ufarassjan, unterthan — uf-hausjan, verborgen — ga-laugnjan, von etwas — visan c. g., vorhanden — visan, Vorläufer — faur-rinnan, wachsam — vakan, pass. v. us-skavjan, wahnsinnig — dvalmon, wiederhergestellt — prt. v. (aftra) ga-standan, wirksam — vaurkjan, zwölfjährig — visan jere tvalibe.
Seinige, die —n svesai.
seit uns, af.
Seite fera, halba, von allen —n her allaþro.
Sekel sikls.
selbst silba, sama.

ſelig audags, — machen nasjan, — preiſen audagjan, — werden ga-nisan.
Seligkeit audagei, ga-nists.
ſenden sandjan, in-sandjan.
Senf sinap.
ſenken saggqjan.
ſetzen satjan, ſich — ga-sitan, in Bewegung — in-vagjan, us-vagjan, drauf — us-satjan, in Furcht — ogjan, in Zorn — in-gramjan.
ſeufzen svogatjan, ga-svogjan.
Sichel gilþa.
ſicher arniba.
Sicherheit þvastiþa.
ſichtbar ana-siuns, — machen ga-bairhtjan.
ſie si.
ſieben sibun.
ſiebenzig sibun-tehund.
ſiech siuks.
ſiechen siukan.
Siechtum siukei.
ſieden vulan.
Sieg sigis, sihu.
Siegel sigljo, das — aufbrücken sigljan.
ſiegeln sigljan.
ſiegen jiukan.
Siegeslohn sigis-laun.
ſiegreich hroþeigs.
Silber silubr.
Silberling silubrein, n. skatts, —e p. v. silubr.
ſilbern silubreins.
ſingen siggvan, liuþon, Klagelieder — gaunon, hiufan.
ſinken sigqan, ga-siggqan, hneivan.
Sinn aha, hugs, von —en bringen us-gaisjan.
Sinnlichkeit, der — pflegen leikis mun taujan.
Sitte sidus.
Sittſamkeit in-ahei, ana-viljei.
Sitz sitls.
ſitzen sitan, er ſitzt sitands ist.
ſo sva, sva-leiks, svah, svau, þan-nu, — auch svah, — beſchaffen sva-leiks, — groß sva-lauþs, — nun svaþþan, — viel sva-lauþs, wie —: ſo hvi-leiks — sva-leiks.
ſobald, — als sunsei, biþe.
ſogar, ja auch — nauhuþ-þan.
ſogleich suns, sunsaiv, anaks.

Sohle suljo.
Sohn sunus:
Sohnſchaft sunive sibja.
ſolcher sva-leiks.
Sold laun, anno.
Soldat ga-drauhts.
ſollen skulan.
Sommer asans.
ſondern ak, alja, nicht nur: — auch ni þatainei — ak jah, ni þatain — ak jah.
Sonne sunna, sunno, sauil.
Sorge saurga, kara.
ſorgen maurnan, — um saurgan bi, für etwas — ga-karon.
Sorgfalt us-daudei, — haben ga-þlaihan.
ſorglos un-karja.
ſowie svasve.
ſowohl, — als auch jah-jah.
Späher vlaiton.
Späher spaikulatur.
ſpärlich us ga-þagkja.
ſpät seiþus, —er spediza, —eſte spedists.
ſpäterhin biþe.
Spaltung missa-qiss.
Sparſamkeit ga-þagki.
Speichel spai-skuldr.
ſpeien speivan, ga-speivan.
Speiſe mats, fodeins, hlaibs, vergängliche — mats fralusans.
Speiſeſaal kelikn.
Speiſetaſche mati-balgs.
Speiſezimmer saliþvos, p.
Speiſung, zur — austeilen ($\psi\omega\mu i\zeta\epsilon\iota\nu$) fra-atjan.
Spezereien aromata.
Spiegel skuggva.
ſpinnen spinnan.
Splitter gramst.
Sprache (Mundart) razda, vairilo; (Rede) maþleins.
ſprechen rodjan, qiþan, mit Jem. — and-qiþan.
Sprecher faura-maþleis.
Spreu ahana.
ſpringen laikan.
ſpucken speivan.
Spur laists.
Stab valus, hrugga.
Stachel gairu, gazds, hnuto, hnuþo.

Stabium spaurds.
Stabt baurgs.
Stabmauer baurgs-vaddjus.
Stärke svinþei.
stärken ga-svinþjan, in-svinþjan, gaþvastjan, gestärkt werden ga-svinþnan.
Stätte staþs; ohne bleibende — unga-stoþs.
Stall garda, Schaf— avistr.
Stamm kuni.
Stammgenosse in-kunja.
stammelnd stamms.
Stand, ohne festen — un-ga-stoþs.
standhaft tulgus.
stark svinþs, abrs abv. abraba, mikils, — machen svinþjan, — werden svinþnan.
Statthalter kindins.
Staub stubjus, mulda, von — muldeins.
Staunen silda-leik, us-filmei.
staunen silda-leikjan, us-geisnan, biabrjan.
stecken, in Brand — in-brannjan.
stehen standan, ga-standan, dabei — at-standan, faura-standan, —b erhalten ga-stoþan.
stehlen hlifan, stilan, bi-niman.
Steig staiga.
steigen steigan, at-steigan.
Stein stains.
steinern staineins.
steinig stainahs..
steinigen stainjan, stainam vairpan, stainam af-vairpan.
Stelle, — in einem Buche staþs.
stellen satjan, sich—wie ga-galeikon sik.
sterben sviltan, ga-sviltan, divan, gadauþnan, pass. v. af-dauþjan.
Sterbliche, das — þata divano.
Stern stairno, f.
Steuer gild, gilstr, ga-baur, Kaiser— kaisara-gild, —beschreibung gilstrameleins.
Stier stiur.
still, — werden ana-slavan.
Stimme stibna.

stinkend fuls.
Stock triu.
Stoff stoma.
stoßen stautan, stigqan, dreiban, von sich — af-skiuban.
strafen (drohen) ga-hvotjan, ga-sakan.
Straße ga-runs, plapja.
streben bi-arbaidjan, — nach etwas afar-gaggan, uf-þanjan sik du.
streichen ga-smeitan.
Streit jiuka, haifsts, bi-hait, þvairhei, Rechts— staua.
streiten haifstjan, sokjan, brikan, veihan, and-rinnan.
Streitfrage sokns.
Streitsucht þrasa-balþei.
streitsüchtig, —er Mensch bi-haitja.
streng hvassaba, abv.; hardus.
Strenge hvassei, mit — harduba, mit — verfahren harduba taujan.
streuen straujan.
Strich striks, vrits.
Strom flodus.
Stück, — Zeug fana.
Stücklein drauhsna.
stückweise us dailai.
Stückwerk þata us dailai, zum — suman.
stürzen run ga-vaurkjan sis, rinnan.
Stufe grids.
Stuhl stols, sitls.
stumm bauþs, dumbs, un-rodjands.
Stunde hveila, mel, nicht eine — ni hveilohun.
Sturm vegs.
Sturmwind skura vindis.
suchen sokjan, ga-sokjan.
Sünde missa-deds, fra-vaurhts.
Sünder fra-vaurhts, missa-taujands.
Sündflut (Sintflut) midja-sveipains.
sündhaft fra-vaurhts, die —en Lüste vinnons fra-vaurhte.
sündig fra-vaurhts.
sündigen fra-vaurkjan.
süß suts, voþeis.
Synagoge, Vorsteher der — synagogafaþs.

T.

Tadel ga-sahts, anda-beit, ohne — us-fairina.
tadellos us-fairina, ga-hails, un-fairino-daba abb.
tadeln ga-tarhjan, faian, ana-vammjan.
tadelnswert ga-tarhiþs.
täglich sinteins, seiteins, dagis hvizuh, daga hvammeh.
Täufer sa daupjands.
Täuschung fraþja-marzeins.
Tafel spilda, mes.
Tag dags, vor — e air uhtvon, folgender — afar-dags, jüngste — spedista dags, — vor dem Sabbat fruma sabbato.
Taglöhner asneis.
tagtäglich daga jah daga.
Tanz laiks.
tanzen plinsjan.
Tasche mati-balgs.
taub daubs, bauþs, — machen ga-daubjan, — werden af-daubnan.
Taube ahaks, Turtel— hraiva-dubo.
Taubheit daubei, daubiþa.
Taufe daupeins, þvahl.
taufen daupjan, Jem. — uf-daupjan, sich — laffen daupjan.
taugen dugan.
tauglich vairþs, ga-tils, sels.
tausend þusundi subst., Anführer über — þusundi-faþs.
Teich svumfsl.
Teig daigs, Sauer— beist.
Teil dails, zum — bi sumata, suman, außerordentlicher — ufarassus, einen — abgeben af-dailjan, —haben ga-mainjan, zu — werden und-rinnan, vairþan.
teilen dailjan, ga-dailjan, dis-dailjan.
teilhaftig ga-mains, — werden ga-daila vairþan.
Teilnahme daila, ga-mainei.
teilnehmen ga-mainjan, niutan.
Teilnehmer ga-mainja, ga-daila.
teils — teils suman — sumanuh.
Tempel gud-hus, alhs, Fest der Er=neuerung des —s in-niujiþa.
Tempelschatz kaurbanus.
Testament triggva.
Teufel diabaulus, skohsl, un-hulþa, un-hulþo.

Thal dal.
That taui, vaurstv.
thönern, — e Gefäße digana.
thöricht un-froþs, dvals, —es Gerede dvala-vaurdei.
Thörichter un-vita.
Thon þaho, aus — formen deigan.
Thor daur, dauro.
Thorheit un-frodei, dvaliþa, un-viti.
Thorhüterin daura-varda.
Thräne tagr.
Thron stols.
Thür daur, dauro, haurds.
Thürhüter daura-vards.
Thürhüterin daura-vardo.
thun taujan, ga-taujan, vaurkjan, Buße — idreigon (sik), ga-idreigon, ein Genüge — fulla-fahjan, das Gleiche — ga-leikon, Kriegsdienste — driugan, drauhtinon, militon, kund — kannjan, us-kannjan, Un=recht — skaþjan, ga-skaþjan, der, welcher Unrecht thut sa skaþula, zu wiffen — bandvjan.
tief diups, — machen ga-diupjan.
Tiefe diupei, diupiþa.
Tier un-biari, wildes — dius.
tilgen, etwas Verunreinigendes — af-hrainjan.
Tinte svartis, svartizl.
Tisch biuds, mes, Lager am — kubitus, sich zu — legen ana-kumbjan, das Liegen am — kubitus.
Tochter dauhtar.
Tochtermann megs.
Tod dauþus, zum — bestimmt dau-þubleis, ein dem —e naher svulta-vairþja, zum —e sich neigend svulta-vairþja.
Todesgefahr dauþeins.
Töpfer kasja.
töten dauþjan, ga-dauþjan, af-dauþjan, us-qiman c. d., maurþrjan, us-qistjan, uf-sneiþan, af-sneiþan, af-slahan.
Tötung dauþeins.
tot dauþs.
Tote naus, von den —n auferstehen ur-reisan.
Totenkiste hvilftri.

trachten bi-arbaidjan, nach Gelbe — hugjan afar faihau.
träge lats, us-grudja.
tränken dragkjan, ga-dragkjan.
tragen dragan, bairan, davon — ganiman, nicht —b un-bairands.
Trank dragk.
trauen ga-trauan.
Trauer gaunoþa, gaunoþus.
trauern qainon, gaunon.
traurig gaurs, — werden ga-nipnan.
Traurigkeit gauriþa, trigo.
treffen, es traf ihn das Loos hlauts imma ur-rann.
trefflich vaila, abv.
treiben dreiban, draibjan, sein eigen Geschäft — taujan svesa, Zauberei —b lubja-leis.
trennen skaidan, ga-skaidan, af-skaidan, lausjan, ga-ainan, sich — tvisstandan.
treten trudan, ga-trudan.
treu triggvs, abv. triggvaba, valis abj.
trinken drigkan, ga-drigkan.

Trinker af-drugkja.
triumphieren svegnjan.
trocknen bi-svairban.
trösten þrafstjan, ga-þrafstjan, anaþrafstjan, ga-þlaihan, sich — þrafstjan sik.
Tröster parakletus.
Trompete þut-haurn.
Trost þrafsteins, ga-þrafsteins, gaþlaihts, laþons,
trüben drobjan.
Trübsal aggviþa, aglo, agliþa, in — versetzen ga-þreihan.
Trunk, dem — ergeben veinuls.
trunken drugkans.
Trunkenbold af-drugkja.
Trunkenheit drugkanei.
Tuchwalker vullareis.
tüchtig ga-manviþs.
Tüchtigkeit vairþida, godei.
Tugend godei.
Turm kelikn.
Turteltaube hraiva-dubo.

U.

Uebel, das — þata ubil, ubilo.
übel ubils, un-sels, sich — befinden ubilaba haban, ubil haban.
Uebelthäter vai-dedja.
übelthäterisch ubil-tojis, un-sibjis.
übelthuend missa-taujands.
üben sidon, þroþjan.
über ufar, ufaro c. g. u. c. d., hindar, and, sich — Jem. erheben hvopan ana c. a., — Jem. kommen anaqiman.
überaus ufarassau, — wachsen ufarvahsjan.
Ueberbleibsel laiba.
überbreiten ga-straujan.
Uebereinkunft ga-qiss.
übereinstimmend sama-leiks, ga-qiss abv.
Uebereinstimmung sama-qiss.
überfallen dis-sitan, bi-qiman, ga-fahan.
überflüssig, es ist — (Euch) zu schreiben: ufjo mis ist du meljan izvis.
Ueberfluß ufarassus, ufjo, managduþs, digrei, machen, daß etwas im — vorhanden ist ufar-assjan.

überführen us-sokjan, ga-sakan.
Ueberfülle ufar-fullei.
überfüllen ufar-fulljan.
übergeben ana-filhan, at-giban.
überhaupt allis.
überheben, sich — ufar-hafjan sik, ufar-hugjan, ufar-hafnan.
Ueberhören (Ungehorsam) ufar-hauseins.
überkleiden, überkleidet werden ufarhamon. (Akt. Inf. mit pass. Beb.)
überlands landis.
überlassen letan, af-letan, ga-levjan.
überlegen miton, þagkjan, ich habe überlegt and-þahta mik, bei sich — þagkjan sis.
überliefern ana-filhan, lagjan.
Ueberlieferung ana-filh.
überlisten bi-faihon.
Uebermaß ufarassus.
übermütig, — behandeln uf-brikan, — machen ufar-hauhjan.
überreden fulla-veisjan.
Ueberredung ga-kunds.
überschatten ufar-skadvjan.

überschlagen rahnjan.
überschreiben ufar-meljan.
überschreiten ufar-gaggan.
Ueberschrift ufar-meleins, ufar-meli.
Ueberschwemmung ga-runjo, midjasveipains.
übersprengen ufar-trusnjan.
übersteigen ufar-visan.
übertragen, auf Jem. — þairh-galeikon.
übertreffen ufar-þeihan.
übertreiben ufarassau uf-þanjan sik.
übertreten ufar-gaggan.
übervoll ufar-fulls, — gießen ufargiutan, — werden ufar-fulljan.
übervorteilen bi-faihon.
Uebervorteilung bi-faiho.
überwinden ga-jiukan.
überwintern vintru visan.
überzeugen fulla-veisjan.
überzeugt, — sein triggvaba galaubjan.
übrig, — bleiben af-lifnan, — lassen bi-laibjan, die —en þai anþarai.
übrigens þata anþar.
Uebung us-þroþeins
Ufer staþs.
um, — etwas und c. d.
um, — so eiliger sniumundos, — sich greifen alan, — vieles filaus.
umarmen ga-þlaihan.
umbinden bi-bindan.
umbringen us-qiman c. d.
umdrängen bi-rinnan, bi-hvairban.
Umgang us-met.
umgeben bi-satjan, bi-rinnan, bi-vaipjan, mit einem Graben — bi-graban.
Umgegend þata bisunjane land.
umgestalten in-maidjan.
umgürten bi-gairdan, uf-gairdan.
umher bi-sunjane.
umherblicken vlaiton, bi-saihvan.
umhergehen gaggan.
umherlaufen bi-rinnan.
umherspähen fair veitjan.
umherwandeln hvarbon.
umkleiden bi-vaibjan.
umkommen fra-qistnan, ga-dauþnan.
umleuchten bi-skeinan.
umsehen, sich nach etwas — us-saihvan.
umsonst arvjo, svare.
umstehen bi-standan.
Umsturz us-valteins.

umwälzen us-valtjan.
Umwälzung us-valteins.
umwandeln in-ga-leikon.
umwenden vandjan.
umwerfen us-valtjan.
umwinden bi-vindan, bi-vaibjan.
Umwohner bi-sitands.
unabläßig un-hveils.
unanstößig un-uf-brikands.
unaufgedeckt un-and-huliþs.
unaufhörlich un-sveibands.
unauslöschlich un-hvapnands.
unaussprechlich un-us-spilloþs, un-qeþs.
unbefleckt un-vamms.
Unbeflecktheit un-vammei.
unbegreiflich un-bi-laistiþs.
unbekannt un-kunþs, un-svikunþs.
unbelehrt un-us-laisiþs, un-tals.
unbeschnitten un-bi-maitans.
Unbeschwerlichkeit un-kaureins.
unbesonnen un-tila-malsks.
unbesorgt un-karja.
unbeständig hveila-hvairbs.
unbestritten un-and-sakans, un-sahtaba abv.
unbewegt un-ga-vagiþs.
unbeweibt un-qeniþs.
unbrauchbar un-bruks.
und jah, uh (wird nachgestellt), þaruh.
undankbar un-fagrs.
Undankbare, der launa-vargs.
Unehre un-sverei, un-sveriþa.
Uneinigkeit tvis-stass.
unentgeltlich arvjo.
unenthaltsam un-ga-habands.
Unenthaltsamkeit un-ga-hobains.
unenthüllt un-and-huliþs.
unerfahren un-kunnands.
unerforscht un-fair-laistiþs, un-bi-laistiþs.
unfruchtbar auþs.
Unfruchtbare, die stairo.
unfügsam un-ga-hvairbs, un-tals.
ungeboren un-baurans.
ungefähr svasve, sve.
ungeheuchelt un-hindar-veis, un-liuts.
ungehörig un-tals.
Ungehorsam ufar-hauseins.
ungehorsam un-tals.
ungelegen un-uhteigo abv.
ungeordnet un-ga-teviþs.
ungerecht in-vinds.

Ungerechtigkeit un-ga-raihtei,in-vindiþa.
ungeregelt un-ga-tass, adv. un-gatassaba.
ungesäuert un-beistjoþs.
Ungesäuertsein, das — un-beistei.
ungesalzen un-saltans.
ungesehen un-ga-saihvans.
ungesetzlich un-sibjis.
ungespeiset laus-qiþrs.
ungewalkt þarihs.
ungewaschen un-þvahans.
ungewiß un-vis.
ungläubig un-ga-laubjands.
Unglaube un-ga-laubeins.
unglücklich vainags.
unheilig us-veihs, un-airkns, ga-mains.
Unhold un-hulþa, un-hulþo.
Unkunde un-kunþi.
unkundig un-veis.
unlieb un-liubs.
Unlust un-lustus.
unmöglich un-mahteigs.
unnütz un-nuts, un-bruks.
unordentlich un-ga-teviþs, un-ga-tass, adv. un-ga-tassaba, — leben un-ga-tassaba hvairban.
unpassend un-fagrs, ga-stojans.
Unrecht skaþis.
unrecht skaþuls, ubilaba, adv. zu —er Zeit un-uhteigo, adv.
unrein un-hrains, ga-mains, ga-vamms.
Unreinigkeit un-hrainei, un-hrainiþa.
Unruhe, in — geraten ga-drobnan.
uns uns, unsis, — beiden ugkis.
unschicklich agls, —e Rede aglaitivaurdei.
Unschicklichkeit aglaitei, aglaiti.
unschuldig svikns.
unser unsar.
unsichtbar un-ana-siuniba, un-ga-saihvans.
unstatthaft ga-stojans.
Unsterblichkeit un-divanei.
unsträflich un-ga-fairinoþs.
untadelig un-vahs, un-vamms, un-ga-fairinoþs, un-fairi-nodaba, adv.
untauglich un-fagrs, us-kusans.
unten dalaþa, undaro adv.
unter undar c. a, undaro c. d, uf c. d u. c. a.
untere, unterste undarists, undar-leija.
unterbreiten uf-straujan.

Untergang us-valteins (von den Gestirnen): saggqs.
untergeben, der Gewalt — uf valdufnja ga-satids.
untergehen sigqan, ga-siggqan, dis-sigqan.
Unterhalt anda-vizns.
unterjochen ga-þivan.
Unterlaß, ohne — un-sveibands.
unterlassen fra-letan, in-vidan.
unterliegen uf-ligan.
unterordnen uf-hnaivjan, sich — ga-kunnan sik.
Unterpfand vadi.
unterrichten talzjan, laisjan, gründlich — us-laisjan.
unterscheiden domjan.
Unterschied ga-skaideins.
unterschreiben uf-meljan.
untersinken dis-sigqan.
unterstreuen uf-straujan.
unterstützen niþan.
Unterstützung anda-vizns.
untersuchen sokjan, us-sokjan, and-hruskan.
Untersuchung sokns.
untertauchen uf-daupjan.
unterthan uf-hausjands.
Unterweisung talzeins.
unterwerfen uf-hnaivjan, ga-þivan, sich — ga-kunnan sik.
Unterwerfung uf-hnaiveins.
Unthätige, eine — un-vaurstvo.
untreu un-triggvs.
unverfälscht pistikeins.
unvergänglich un-riurs.
Unvergänglichkeit un-riurei.
unverheiratet un-liugaiþs.
unverhofft un-veniggo.
unversöhnlich un-hunslags.
Unverstand un-viti, un-frodei.
unverständig un-froþs, un-fraþjands.
Unverständiger, ein — un-vita.
unverstellt un-hindar-veis.
unverweslich un-riurs.
Unverweslichkeit un-riurei.
unvollkommen suman.
unvorbereitet un-manvus.
unvorsätzlich un-faur-veis.
unwiderleglich un-and-soks.
unwidersprechlich un-and-sakans.
Unwille un-verei.

unwillig, sich — äußern bi-rodjan, — sein un-verjan.
unwissend un-vitands, un-veis, unkunnands.
Unwissender, ein — un-vita.
Unwissenheit un-viti.
unwürdig adv.: un-vairþaba.
Unze unkja.
Unzucht aglaitei, aglaiti.

unzugänglich un-at-gahts.
Urkunde bokos, p.
Ursache fairina, ohne — arvjo, wegen dieser — in þizozei vaihtais.
Ursprung us-sateins.
Urteil doms, (Beschluß) anda-hafts.
urteilen domjan, ga-domjan, urredan.
Urtel (Rechtsstreit) staua.

V.

Vater atta, fadar, papa.
Vaterland land.
Vaterschaft fadrein.
Verabredung ga-qiss.
verabscheuungswürdig anda-sets.
verachten fra-kunnan, uf-brikan, fra-qiþan.
verachtet un-svers.
verändern in-maidjan.
Veränderung in-maideins.
veralten us-alþan.
veranstalten vaurkjan.
Verantwortung anda-hafts, sunjons.
verbergen filhan, af-filhan, ga-filhan, ga-huljan, sich — ga-laugnjan sik.
verbieten faur-biudan, ga-sakan.
verbinden ga-vidan, faur-vaipjan, ga-ga-haftjan; das Maul — faur-muljan.
Verbindung ga-viss.
verbleiben bi-leiban.
verblenden ga-blindjan, af-hugjan.
verborgen fulgins, ga-fulgins, ana-laugns, ana-laugniba, adv.
Verborgene, das — fulhsni, im —n þiubjo, adv.
Verborgenheit ana-laugnei.
verbrauchen fra-visan.
verbreiten us-braidjan, us-qiþan, Kunde von Jem. — us-merjan.
verbrennen uf-brinnan, in-tandjan, ga-brannjan.
verdämmen faur-dammjan.
verdammen af-domjan, ga-vargjan.
Verdammung af-domeins, vargiþa, ga-vargeins.
Verderben riurei, fra-lusts, qisteins, fra-vardeins.
verderben fra-vardjan, qistjan, fra-

qistjan, dis-tairan, riurjan, intr. fra-vairþan.
verderbt riurs.
verdingen, sich — ga-haftjan sik.
verdollmetschen ga-skeirjan.
verborren ga-þairsan, ga-þaursnan, ga-staurknan.
verdorrt þaursus.
verdrehen in-vandjan.
verdreht in-vinds.
verdunkelt riqizeins.
verehren blotan.
Verehrung blotinassus, p. v. hunsl.
vereinzeln ga-ainan.
bereitelt werden laus vairþan.
verfälschen ga-liug taujan, maidjan.
verfallen, auf etwas — us-vandjan du e. d.
verfinstern, sich — riqizjan.
verfluchen fra-qiþan, af-domjan.
Verfluchter, ein — anaþaima.
verfolgen vrikan, vrakjan, fra-vrikan (im Geiste): afar-laistjan.
Verfolger vraks.
Verfolgung vraka, vrakja, vrekei.
verführen luton, us-luton, airzjan, af-airzjan, sich — lassen pass. v. afairzjan.
Verführer airzjands.
verführt uirzeis.
Verführung airzei, airziþa, us-vandeins.
vergänglich riurs, ga-taurnands.
Vergänglichkeit riurei.
vergangen, das —e Jahr fairnjo jer.
vergeben fra-giban, fra-letan, af-letan.
vergebens svare.
vergeblich laus.
Vergebung af-lageins, fra-lets, af-lets.
vergehen us-leiþan, ga-taurnan, hindar-leiþan.

vergelten fra-gildan, us-gildan, us-giban.
Vergeltung anda-launi.
vergessen ufar-munnon, — machen ufar-miton.
Vergessenheit ufar-maudeins.
vergeuden dis-tahjan.
vergleichen ga-bairan, ga-domjan, ga-leikon.
vergnügen, sich — bi-visan.
verhärten ga-hardjan.
Verhalten us-met.
verhalten, sich — us-mitan.
verharren þairh-visan, ga-standan.
verheiraten, sich — pass. v. liugan, verheiratet werden pass. v. liugan.
verheiratet liugom hafts.
verheißen ga-haitan, zuvor — faura-ga-haitan.
Verheißung ga-hait.
verherrlichen hauhjan, mikiljan, sveran, ga-sveran, verherrlicht werden mikilnan, us-hauhnan, ich bin verherrlicht worden hauhiþs im.
verherrlicht vulþags.
verhindern faur-dammjan.
verhöhnen bi-mampjan.
verhüllen huljan, ga-huljan, dis-huljan.
verkaufen fra-bugjan.
Verkaufsurkunde fra-bauhta-boka, eine — ausstellen fra-bauhta-boka vaurkjan.
verkehren in-vandjan.
verkehrt in-vinds.
verkündigen merjan, spillon, ga-spillon, us-merjan, ga-teihan, ga-kannjan. (Gutes) þiuþ-spillon, vaila-spillon, vaila-merjan, das Evangelium — aivaggeljan.
Verkündiger spilla.
Verkündigung mereins.
verlachen bi-hlahjan.
Verlangen gairnei, lustus.
verlangen gairnjan, sokjan.
verlassen ainakls.
verlassen af-letan, bi-leiþan, in-vidan, af-leiþan.
verlaufen, sich — fra-rinnan.
verleihen fra-giban.
Verleihung fra-gifts.
verleiten miþ ga-tiuhan.
verleugnen af-aikan, in-vidan.

verleumden fairinon, fra-vrohjan.
Verleumberin diabula.
Verleumbung bi-rodeins.
verlieren fra-liusan, laus visan af c. d., die Kraft — (vom Salz) bauþs vairþan, verloren gehen fra-lusnan, fra-qistnan.
verloben ga-vadjon.
Verlobung fra-gifts.
verlocken ga-hvatjan.
Verloofte, das — hlauts.
Verlust fra-lusts, vanains.
vermehren bi-aukan, managjan, vahsjan ga-tauhan, ufar-assjan, vermehrt werden bi-auknan.
vermeiden af-vandjan, bi-vandjan, vitan.
vermischen, sich — blandan sik.
vermitteln midumon.
vermittelst þairh.
Vermögen aigin, faihu, (Macht) mahts.
vermögen magan, ga-magan.
Vermutung ana-minds.
vernachlässigen af-letan.
vernehmen hausjan.
vernichten fra-qistjan, ga-tarnjan, ga-tairan.
vernünftig anda-þahts.
verordnen ga-tevjan.
Verräter ga-levjands, fra-levjands.
verraten levjan, ga-levjan, fra-levjan.
Verrichtung vaurstvei, taui.
versammeln, sich — ga-qiman sik, ga-gaggan.
Versammlung ga-faurds, ga-qumþs.
Versammlungsplatz maþl.
verschieden missa-leiks.
Verschiedenheit anþar-leikei.
Verschlagenheit varei.
verschließen ga-lukan, verschlossen werden ga-luknan.
verschlingen fra-slindan.
verschmachten uf-ligan.
verschmähen and-speivan.
Verschonung ga-freideins.
verschwenden fra-visan.
Verschwendung fra-qisteins.
versehen, mit etwas — and-staldan.
versenken saggqjan, uf-saggqjan.
versetzen miþ satjan, sich — us-satjan sik, in Angst — af-slauþjan.
versiegeln ga-sigljan, faur-sigljan.
versinken ga-siggqan.

versöhnen ga-friþon, ga-ga-vairþjan, sich — ga-sibjon, ga-ga-vairþnan.
Versöhnung ga-friþons, ohne — unhunslags.
verspotten bi-mampjan, bi-laikan.
verständig in-ahs, froþs, abv. frodaba, — sein fraþjan.
Verständigkeit ga-fraþjei.
Verständnis frodei.
Verstand frodei, fraþi, ga-hugds, aha, hugs, bei vollem — sein fulla-fraþjan.
Verstandesverwirrung fraþja-marzeins.
Versteck filigri.
verstehen fraþjan, durch Zeichen zu — geben ga-bandvjan.
verstellen, sich litjan.
Verstellung lita.
verstocken ga-hardjan.
verstockt daubs, — machen ga-daubjan, — werden af-daubnan.
Verstocktheit daubei, daubiþa.
verstoßen af-skiuban.
verstümmelt hamfs.
verstummen af-dumbnan, af-dobnan.
versuchen us-fraisan.
Versuchung fraistubni.
versündigen, sich — fra-vaurkjan sis.
Vertauschung in-maideins.
verteidigen sunjon.
Verteidigung sunjons, anda-hafts.
verteilen fra-dailjan, dis-dailjan.
verthun fra-qiman.
Vertrag trausti.
Vertrauen trauains.
vertrauen ga-trauan, þrafstjan sik.
vertreiben us-dreiban.
vertrocknen ga-þaursnan.
verunreinigen ga-mainjan, ga-ga-mainjan, verunreinigt werden bi-saulnan.
verursachen gansjan, Betrübnis — gaurjan.
verurteilen af-domjan, bi-domjan, stojan.
vervielfältigen managjan.
Verwaiste, der — viduvairna.
Verwalter faura-gagga, faura-gaggja.
Verwaltung faura-gaggi.
verwandeln in-maidjan, in-galeikon.
verwandt sama-kuns.
Verwandte, die — niþjo.
Verwandter ga-niþjis, gadiliggs, niþjis.

Verwandtschaft sibja.
Verweilen ga-hveilains.
verweilen ga-hveilan sik, visan.
verweisen and-beitan, id-veitjan.
verwerfen fra-vairpan, us-vairpan, uskiusan, faur-qiþan c. d.
verwerflich un-ga-kusans.
Verwerfung us-vaurpa.
verweslich riurs.
Verwesung riurei.
verwickeln du-ga-vindan.
verwirken fra-vaurkjan.
verwirren drobjan, tveifljan, verwirrt werden drobnan.
verworfen us-kusans, ur-rugks.
verwunden vundan briggan, ga-vundan.
verwundern, sich — silda-leikjan.
Verwunderung silda-leik.
verwundet vunds, adj.
verzehren fra-qiman.
verzweifeln us-vena.
Vetter niþjis, gadiliggs.
Vieh faihu.
viel filu, subst. manags, mikils — bei dem Comp. filaus, um viel mehr und filu mais, —es Reden filuvaurdei, —e Worte machen filuvaurdjan.
Vielheit filusna.
vielleicht vait-ei, aufto, ufto.
vier fidvor.
vierfältig fidur-falþs.
Vierfürst, das Amt des — fidur-ragini.
viertägig fidur-dogs.
vierzehn fidvor-taihun.
Völlerei drugkanei.
völlig all-andjo.
Vogel fugls.
Volk þiuda, managei.
voll fulls, —e Genüge haben ufarassjan, — werden fullnan, bei —em Verstande sein fulla-fraþjan.
vollbringen us-tiuhan.
vollenden us-tiuhan, us-vaurkjan, usfulljan.
Vollendung us-tauhts.
vollkommen fulla-veis, fulla-tojis, fullavita, us-tauhans, fulls, — machen us-tiuhan, —er werden ga-aukan.
Vollkommenheit us-tauhts.
Vollmond fulliþa.
vollständig, — machen usfulljan.

von af, fram, us, ab — fairra c. d., — an us, — außen utana, — außen her utapro, — da jainþro, þaþroh, — da an þaþroh, — da aus þaþro, — da weg þaþro, — dort jainþro, — hinauf af, — hinten aftaro, aftana, — innen her innaþro, — sich lassen letan, — nun an fram himma (nu) — Sinnen bringen us-gaisjan, — unten dalaþro, — etwas weg us, weg — fairra c. d., — weg af, — wannen þaþroei, — woher hvaþro?
vor faur, faura, af, in andvairþja, viþra, — allem ufar all, — etwas bewahren ga-lausjan af c. d.
vorangehen faur-bi-gaggan, faur-bi-snivan, faura-gaggan.
voraufklaufen biþragjan faur.
vorausfendcn faura-ga-sandjan.
vorbeiziehen faur-gaggan.
vorbereiten faura-manvjan, faura-ga-manvjan.
vorbringen us-bairan.
voreilig un-tila-malsks.
Vorfahr airiza, atta, —en fadrein.
vorhanden, — sein faura-visan, reichlich — sein managnan.
Vorhang faur-hah, faura-hah.
Vorhaut faura-filli, (Nichtbeschneidung) un-bimait.
vorher faurþis, faura.
vorherbereiten faura-ga-manvjan.
vorherbestimmen faura-ga-redan.
vorherdenken faura-ga-hugjan.
vorhergefallen faura-ga-leikan.
vorhergehen faur-rinnan, faura faur-snivan, faura-qiman.
vorherhoffen faura-venjan.

vorhersagen faura-qiþan, faura-ga-teihan.
vorherschreiben faura-ga-meljan.
vorherthun faur-snivan.
vorherverkündigen faura-ga-teihan.
Vorhof rohsns.
vorlegen faur-lagjan, us-sakan.
vorlesen siggvan, us-siggvan.
Vorlesen, das — saggvs boko.
Vorlesung saggvs boko.
vormals simle.
vornehm goda-kunds, reiks, der —ste maists.
vornehmen, sich — faura-ga-hugjan.
Vorrang frumadei.
Vorsatz leikains.
vorschreiben, Jem. — in-sakan.
Vorschrift ana-filh.
vorsetzen faur-lagjan.
vorsichtig us-skavs.
vorstehen faura-standan, faura-gaggan, valdan.
Vorsteher faura-maþleis, faura-stasseis, faur-stasseis, faura-gaggja, faura-gagga.
Vorsteheramt faura-maþli, faura-gaggi.
vortragen, Jem. — in-sakan.
vorübergehen faur-gaggan, þairh-gaggan, þairh-leiþan, hindar-leiþan.
Vorurteil faur-domeins.
vorwärtsgehen sniuhan.
vorwärtskommen þeihan, ga-þeihan.
Vorwand inilo.
vorwegnehmen faur-snivan.
vorwerfen, schmähend — id-veitjan.
Vorwurf ga-sahts.
vorziehen faura-rahnjan.
vorzüglich adv. us-sindo, þis-hun, ufar-assau.

W.

Wache vahtvo, p.v. vardja,—halten vitan.
Wachen, das — vokains.
wachen vakan, du-vakan.
wachsen vahsjan, liudan, us-keinan, darüber hinaus— ufar-þeihan.
Wachstum vahstus, us-vahsts.
Wächter vardja.
wählen valjan, ga-valjan, kiusan.
wähnen ahjan.

während miþþan, miþþanei, und c. a.
wälzen, davor— faur-valvjan, sich — valtjan, valvison.
wärmen varmjan.
Wärter vardja.
Waffen vepna p. sarva, p.
wagen ga-daursan, ana-nanþjan, balþ-jan, das Leben — saivalai ufar-munnon.

Wahl ga-valeins.
wahr sunjis, sunjeins.
wahrhaft sunjeins.
wahrhaftig bi sunjai, sunja.
Wahrheit sunja, astaþs, in — bi sunjai, sunja, von der — abfallen bi sunja us-viss us-mitan, die — sagen sunja ga-teihan.
wahrlich jai, bi sunjai, sunja.
wahrnehmen gaumjan.
Wahrnehmung at-vitains.
walten valdan.
Wandel us-met.
wandeln hvarbon, hvairban, us-mitan, gaggan.
wandern faran.
Wange kinnus.
wann hvan, þan, þanei.
warten venjan, auf etwas — beidan c. g., us-beidan.
warum du-hve, hva þatei, hva ist þatei, hva, in hvis.
was, mehr als was ufar þatei, — nur immer þis-hvah, mit folg. þei oder þatei.
waschen þvahan, sich — þvahan, biþvahan, daupjan.
Wasser vato, ahva.
Wasserguß ahva.
wechselseitig misso abv.
Wechsler, Geld — skattja.
weder, — noch ni-ni.
Weg vigs, staiga, löcherichter — usdrusts.
weg, von da — þa-þro, von etwas — us.
wegbegeben, sich von da — us-hafjan sik jainþro.
wegbewegen af-vagjan.
wegen þairh, in dailai.
wegführen us-tiuhan, ga-tiuhan.
weggehen af-leiþan, us-leiþan, af-gaggan, us-standan.
wegnehmen us-niman, bi-niman, afniman.
wegwälzen af-valvjan.
wegwenden af-vandjan.
wegwerfen fra-vairpan.
wegziehen ga-tiuhan.
wehe vai.
wehen vaian.
wehklagen gaunon, vai-fairhvjan.

wehren varjan.
Weib qens, qinein (neutr. v. dem adj. qineins), zum — nehmen ga-liugan.
weiblich qineins, qina-kunds, —en Geschlechtes qina-kunds.
weich þlaqus, hnasqus.
weichen af-gaggan, af-linnan.
weichlich hnasqus.
Weide vinja.
weiden haldan.
Weihe veihiþa, außer der — us-veihs.
weihen veihan, ga-veihan.
Weihrauch þymiama.
weil unte, þatei, þande, nicht — ni þatei.
Weile hveila.
weilen hveilan.
Wein vein, leiþu? oder leiþus? nur in dem acc. leiþu belegt.
Weinbeere veina-basi.
Weinberg veina-gards, p. v. veina-triu.
Weinen, das — grets.
weinen gretan, tagrjan, qainon.
Weingarten veina-gards.
Weinrebe veina-tains.
Weinstock veina-triu.
Weintrauben p. v. veina-basi.
Weintrinker veina-drugkja.
Weise haidus, auf gleiche — samaleiko, auf welche — in hvo sauþo.
weise snutrs, handugs, froþs, abv. frodaba.
Weisheit snutrei, handugei.
weiß hveits, — machen ga-hvaitjan.
weissagen praufetjan.
Weissagung praufeti, praufetja, Gabe der — p. v. praufetja.
weit, zu — gehen ufar-gaggan.
weiter fram, framis, þana-mais, þanaseiþs, — fort framis, — hinauf hauhis.
weitergehen þairh-leiþan.
weiterkommen þeihan du filusnai.
Weizen hvaiteis, kaurn.
welcher? hvarjis? rel. saei, derjenige welcher — sa izei, — euch, welchen izvizei.
Wellen vegos, p.
Welt fairhvus, alds, mana-seþs, aivs, Fürst dieser — sa fairhvu habands.
Weltbeherrscher fairhvu habands.
wenden vandjan.

wenig faus, leitils, ein — leitil hva, —er mins abv. vans abj.
wenigstens sve-þauh, vaila þau.
wenn biþe, þande, þan, jabai, iþ, ba (enklitisch), — anders jabai sveþauh, sveþauh jabai, jabai, þauhjabai, — doch vainei, — je jabai sveþauh jah, — nicht niba, nicht als — ni þcei, sve-þauh ni.
wer? hvas, hvarjis, — wohl hvas þannu, — (von zweien) hvaþar, — nur immer þis-hvazuh, mit folg. ei, þei, oder saei.
werden haben, skulan, vairþan, duginnan (zur Bildung des Futurum).
werden (Passivum).
abgebrochen — us-bruknan.
aufgeblasen — pass. v. uf-blesan.
aufrührerisch — us-standan.
befleckt — bisaulnan.
behaftet — pass. v. ana-haban.
besessen — pass. v. ana-haban.
beschämt — pass. v. ga-aiviskon, ga-skaman sik.
betrübt — in-drobnan, ga-nipnan, saurgan.
beunruhigt — silda-leiknan.
eitel — pass. v. lausjan.
entkräftet — pass. v. lausjan.
entlassen — and-letnan.
entzündet — tundnan.
erfüllt — fullnan, us-fullnan.
erhitzt — uf-brinnan.
erhöht — us-hauhnan.
gebildet — ga-frisahtnan.
geboren — vairþan.
gefunden — wurde — bigitans varþ.
geheiligt — veihnan.
geheilt — hailjan sik, ga-hailnan.
gelöst — and-bundnan.
geöffnet — us-luknan.
gerechtfertigt — ga-raihts vairþan.
gereinigt —, wurde — hrain varþ.
gerettet — ga-nisan.
geringer — minznan.
gerührt — in-feinan.
gestärkt — ga-svinþnan.
gesund — ga-nisan, ga-hailnan.
getötet — ga-dauþnan.
geworfen — ga-driusan.
lebendig gemacht — ga-qiunan.

mutlos — un-lustau vairþan, us-grudja vairþan.
offenbar — svi-kunþs vairþan, in svekunþamma qiman.
zu Schanden — pass. v. ga-aiviskon.
schwanger — ga-niman.
stark — svinþnan.
still — ana-slavan.
taub — af-daubnan.
zu teil — vairþan, und-rinnan.
teilhaftig — ga-daila vairþan.
überkleidet — mit etwas ufar-hamon.
vereitelt — laus vairþan.
verheiratet — pass. v. liugan.
verherrlicht —, us-hauhnan, mikilnan, ich bin — worden hauhiþs im.
vermehrt — bi-auknan.
verschlossen — ga-luknan.
verstockt — af-daubnan.
verunreinigt — bi-saulnan.
verwirrt — drobnan.
voll — fullnan, us-fullnan.
werfen vairpan, ga-vairpan, at-vairpan, auseinander — dis-vinþjan.
Werk taui, vaurstv, ga-digis.
Wert anda-vairþi, vairþs, hat keinen — für mich ni vaiht mis vulþris ist.
wert vairþs, abv.: vairþaba, vulþrs, svers.
wertlos un-ga-laubs.
wertvoll ga-laubs.
Wesen vists.
weswegen in hvis?
Wette vadi.
wichtig vulþrs.
Wichtigkeit vulþrs.
wider viþra.
widerspenstig un-ga-hvairbs.
Widder viþrus.
widerfahren, es widerfährt — ga-daban, unpersönlich).
widerlegen ga-sakan.
widernatürlich alja-kunds.
Widersacher anda-staua, anda-staþjis.
widersprechen and-vaurdjan.
widerstehen and-standan.
widerstreiten and-standan, and-veihan.
widmen, sich — ga-satjan sik.
wie hvaiva, in hvo sauþo, sve, wie beschaffen? hvi-leiks.

wieder, — aufleben ga-qiunan, — erhalten and-niman, — erwecken anaqiujan, — herstellen aftra ga-satjan.
Wiederherstellung ga-raihteins.
wieder kommen at-vandjan sik aftra.
Wiederkunft qums.
wiederum aftra.
wild vilþeis, un-mana-riggvs, haiþivisks
Wille vilja.
willfährig silba-viljis, ga-viljis.
Wind vinds.
winden us-vindan.
Winkel vaihsta.
Winter vintrus.
wir veis, — beide vit.
wirken vaurkjan, ga-vaurkjan, us-vaurkjan, ga-taujan, etwas — vaurkjan.
wirksam vaurstveigs.
Wirksamkeit vaurstv.
Wirkung, der — gemäß bi toja.
wissen vitan prt. pr., kunnan, uf-kunnan, ich weiß lais, and-þahta mik, Gott weiß ob vait-ei, abb. Dank — þagk sis fair-haitan, zu — thun bandvjan.
Wissenschaft kunþi.
Wittwe viduvo.
wo hvar, þarei, dahin — þadei, — nur immer þis-hvaruh.
Woche viko.
wörtlich vaurdahs.
Wogen vegos p.
wohin þadei, hvadre, hvaþ, — nur immer þis-hvaduh.
wohl vaila, þau, þan-nu, ob — ibai?, sich — befinden vaila visan.
wohlanständig ga-fehaba abv.
wohlgefällig vaila andanems, andanems, ga-leikaiþs.
Wohlgefallen gods vilja, vilja, leikains, ich habe — vaila ga-leikaiþ mis.
wohlgestaltet skauns.
Wohlsein vaila-vizns.

Wohlthat vaila-deds.
wohlthun vaila-taujan.
wohnen bauan, ga-bauan.
Wohnung bauains, saliþvos, p.
Wolf vulfs.
Wolke milhma.
Wolle vulla.
wollen viljan, munan, haban: was er thun wollte þatei habaida taujan.
Wollust ga-baurjoþus, azeti.
womit hve.
Wonne svegniþa.
woran bi-hve.
Worfschaufel vinþi-skauro.
Wort vaurd, þata qiþano, in —en sich zeigend vaurdahs.
Wortstreit vaurda-jiuka, missa-qiss.
Wortwechsel, einen — haben sokjan.
wozu du-hve.
Wucher vokrs.
Wuchs vahstus.
Würde vairþida.
würdig vairþs, abv. vairþaba, für — halten vairþana rahnjan, — machen vairþana briggan.
würdigen vairþon.
Würdigkeit vairþida.
würzen supon, ga-supon.
wüst auþs.
Wüste auþida.
wütend vods.
wund vunds, adj.
Wunde vundufni, banja.
Wunder faura-tani, p. v. mahts.
wunderbar silda-leiks, vulþags.
wundern, sich silda-leikjan; er wunderte sich silda-leikida, es wunderte ihn silda-leikida ina, mich wundert silda-leikja.
Wunderthat, —en p. v. mahts.
Wunderzeichen faura-tani, taikns.
Wundermaal stak.
Wurm vaurms, maþa.
Wurzel vaurds.

Z.

zählen ga-raþjan.
zähmen ga-tamjan.
Zähre tagr.

Zahl raþjo.
Zahn tunþus.
Zank haifsts.

zart þlaqus.
Zauberei lubja-leisei.
Zaun faþa.
zehn taihun, — zehn tigus, subst, — zehnte taihunda.
Zeichen taikns, bandva, bandvo, ein — geben bandvjan, durch — zu verstehen geben ga-bandvjan.
zeigen taiknjan, ga-taiknjan, us-taiknjan, augjan, at-augjan, ga-bairhtjan, sich — at-augjan (sik), sich reichlich — us-managnan.
Zeit hveila, mel, þeihs, alds, aivs, ajukduþs, die bestimmte — garehsns, zu gleicher — samana, zu rechter — uhteigo, adv. — habend uhteigs, eine — hindurcharbeiten þairh-arbaidjan, eine — lang hvo hveilo, zu unrechter —un-uhteigo, adv.
zeitgemäß uhtiugs.
zeitlich riurs.
Zelt hleiþra, hlija, ein — über Jem. aufschlagen ufar-hleiþrjan.
zerbrechen brikan, ga-brikan, dis-hniupan.
zerknirschen ga-malvjan.
zermalmen ga-malvjan, ga-kroton.
zerreiben bnauan.
zerreißen dis-tairan, ga-tairan, dis-kreitan, dis-hniupan; zerrissen werden dis-hnupnan, zerreißen intr. dis-hnupnan, dis-taurnan, af-taurnan, ga-taurnan, dis-kritnan.
zerren, aus einander — dis-tairan.
zerschlagen adj. ga-maids.
Zerschneidung ga-maitano.
zerschütteln tahjan.
zerstören ga-tarnjan, ga-tairan, us-valtjan.
Zerstörung ga-taurþs.
zerstreuen dis-tahjan, tahjan, fra-vairpan.
Zerstreuung dis-taheins.
zerteilen dis-dailjan, ga-dailjan, dis-skaidan.
zertreten ga-trudan.
Zeuge veitvods, falscher — ga-liuga-veitvods.
zeugen veit-vodjan.
Zeugnis veitvodi, veitvodei, veitvodiþa, veitvodeins, falsches — ablegen ga-liug veitvodjan.

Ziege gaits, junge — gaitein, n.
Ziegel skalja.
ziehen tiuhan, at-þinsan; etwas darüber — ufar-hamon.
ziehen (gehen) faran.
Ziel mundrei, laists.
ziemen, es ziemt sich skuld ist, ga-qimiþ, ga-dabiþ.
—zig tigus.
Zimmer saliþvos, p.
Zimmermann timrja.
zimmern timrjan.
Zinne gibla.
Zins gild, kaisara-gild.
Zipfel, — am Kleid skauts.
Zittern reiro.
zittern reiran.
Zögern, ohne — sprauto.
zögern hveilan.
Zöllner motareis.
Zoll mota.
Zollhaus mota-staþs, mota.
Zollstätte mota-staþs.
Zorn mods, hatis, jiuka, þvairhei.
zornig modags, þvairhs; — machen in-aljanon.
zu du, at, af.
zubereiten ga-fahrjan.
zu sich nehmen ga-niman, and-niman.
züchtigen vlizjan.
zügellos us-stiuriba adv.
Zügellosigkeit us-stiurei.
zueilen, einer Sache — uf-þanjan sik du.
zuerkennen at-kunnan.
zürnen neivan, hatizon, in-rauhtjan.
zuerst frumist.
zufallen at-driusan, und-rinnan.
zufolge afar c. d.
Zug, in den letzten Zügen liegen aftumist haban.
Zugang at-gaggs.
zugleich samana adv., — aber auch bijands.
zuhören hausjan.
zukünftig ana-vairþs.
zulassen us-laubjan, letan.
zulaufen du-rinnan.
zuletzt und andi.
zumessen ga-mitan.
zunehmen bi-auknan, ga-aukan, vahsjan, þeihan; immer in etwas — ufar-fulljan, sehr — ufar-vahsjan.

Zuneigung vilja-halþei; innige brusts (Brust).
Junge tuggo, razda.
zurechnen rahnjan.
zurechtweisen talzjan, ga-sakan.
Zurechtweisung ga-sahts.
Zureden, freundliches — ga-þlaihts.
zureden fulla-veisjan, freundlich — ga-þlaihan.
zurichten manvjan.
zurück ibuks, aftra, afta.
zurückbringen ga-vandjan.
zurückfordern ga-lausjan.
zurückgeben at-giban.
zurückkehren at-vandjan sik aftra, ga-vandjan.
zurücklassen af-letan, letan, bi-leiþan.
zurückwenden ga-vandjan.
zusammen samana, samaþ, alakjo.
zusammenfügen ga-ga-tilon.
Zusammengebrachte, das ga-baur, n.
zusammenhängend ga-hahjo abv.
zusammenheften ga-ga-haftjan.
zusammenkommen ga-qiman, ga-rinnan, ga-gaggan.
Zusammenkunft ga-qumþs.
zusammenlaufen ga-rinnan.
zusammenlegen falþan.
zusammenlesen lisan, ga-lisan.
zusammenrechnen ga-rahnjan.

zusammenrufen ga-haitan, ga-laþon.
zusammensetzen us-satjan c. d.
Zusammenstellung ga-juko.
zusammentragen ga-dragan.
zuschließen ga-lukan.
zusenden in-sandjan.
zuteilen dailjan, ga-dailjan, ga-mitan.
zuverlässig triggvs, abv. triggvaba.
Zuversicht trauains, balþei.
zuvoreilen, Jem. — bi-snivan faur c. a.
zuvorkommen faur-snivan.
zuwider anda-neiþs abv.
zuziehen, sich — niman.
Zwang nauþs.
Zwangsfessel naudi-baudi.
zwanzig tvai tigjus.
zwar sve-þauh, allis, auk, þan.
zwei tvai, zwei hundert tva hunda, je — tveihnai, tvans hvanzuh: er sandte sie zu zweien in-sandida ins tvans hvanzuh.
Zweifel tveifls, in — lassen hahan.
zweifeln tuz-verjan, — machen tveifljan.
Zweig tains, asts.
zweiter anþar.
Zwiespalt tvis-stass.
zwingen nauþjan, ana-nauþjan, baidjan, ga-baidjan.
zwölf tvalif.
zwölfjährig tvalib-vintrus.

Sachlich geordnete Uebersicht des Wortschatzes.

1. Die Natur.

Natur vists.
Erdkreis midjun-gards.
Erde airþa.
Erdbeben reiro.
Himmel himins.
Luft luftus.
Dunst dauns.
Wolke milhma.
Regen rign.
Schauer skura.
Blitz lauhmuni.
Donner þeihvo.
Wind vinds.
Sturmwind skura vindis.
Sturm vegs.
Schnee snaivs.
Wasser vato, ahva.
Meer marei.
Meeresstille vis.
Wellen vegos.
Schaum hvaþo.
See mari-saivs.
Teich svumfsl.
Strom flodus.
Fluß ahva.
Bach, Gießbach rinno.
Quelle brunna.
Ufer staþs.
Ueberschwemmung ga-runjo.
Sintflut midja-sveipains.
Sonne sunna, sunno, sauil.
Mond mena.
Vollmond fulliþa.
Stern stairno, tuggl.
Aufgang ur-runs.
Untergang saggqs.
Abend anda-nahti.
Nacht nahts.
Dunkelheit riqis.
Kälte frius.
Land land.
Landschaft gavi, gaujans, p.
Wüste auþida.
Sand malma.
Stein stains.
Staub stubjus, mulda.
Thon þaho.
Salz salt.
Schwefel svibls.
Erz aiz.
Eisen eisarn.
Rost nidva.
Silber silubr.
Gold gulþ.
Berggegend bairgahei.
Hügel hlains.
Anhöhe þata auhumisto.
Berg fairguni.
Thal dal.
Gebirge bairgahei.
Fels hallus, stains.
Höhle hulundi, groba, filigri.
Abhang ib-dalja, driuso.
Abgrund af-grundiþa.
Oelberg fairguni alevjo.
Oelbaum aleva-bagms.
Weinberg veina-gards, veina-triva, p.
Weinrebe veina-tains.
Weinstock veina-triu.
Weinbeere veina-basi.
Weintraube veina-basja, p.
Wein voin.
Obstwein leiþus oder leiþu?
Krautgarten aurti-gards.
Kraut gras.
Gras gras, havi.
Heu havi.
Blume bloma.

Feld haiþi, hugs.
Acker akrs.
Saatfeld atisk.
Dünger, Mist maihstus, smarna.
Saat atisk.
Same fraiv.
Korn kaurn.
Weizen hvaiteis.
Aehre ahs.
Korn kaurno.
Spreu ahana.
Baum bagms, triu.
Wuchs, Wachstum vahstus, us-vahsts.
Wurzel vaurts.
Mark marka.

Ast asts.
Zweig tains.
Frucht akran.
Laub laufs.
Schatten skadus.
Rohr raus.
Maulbeerbaum baira-bagms.
Feigenbaum smakka-bagms.
Frucht des Johannisbrotbaums haurn.
Palmbaum peika-bagms.
Balsam balsan.
Weihrauch þymiama.
Myrrhe smyrn.
Narde nardus.
Spezereien aromata.

2. Die Zeit.

Zeit alds, þeihs, mel, hveila, ajukduþs, die bestimmte — ga-rehsns.
Menschenalter alds.
Mal sinþs.
Jahr jer, aþn, at-aþni (bei Zeitangaben) vintrus.
Sommer asans.
Winter vintrus.
Erntezeit asans.
Monat menoþs.
November (oder Dezember? Julmonat) jiuleis.

Woche viko.
Tag dags, folgender — afar-dags, — vor dem Sabbat fruma sabbato, der jüngste — spedista dags.
Sabbat sabbatus, sabbato.
Morgenzeit uhtvo.
Morgen maurgins.
Abend anda-nahti.
Nacht nahts.
Stunde hveila, mel.
Augenblick stiks melis, brahv augins.

3. Tiere.

Tier un-biari, wildes — dius.
Vieh faihu.
Vogel fugls.
Fisch fisks.
Füllen fula.
Esel, Eselin asilus.
Ochse auhsa.
Stier stiur.
junge Kuh kalbo.
Kalb kalbo.
Schwein svein.
Schaf, Schlacht —e lamba slauhtais, — herde aveþi, — stall avistr.
Lamm lamb.
Widder viþrus.
Ziege gaits.
Zicklein gaitein.

Hund hunds.
Kamel ulbandus.
Fuchs fauho.
Wolf vulfs.
Adler ara.
Taube ahans.
Turteltaube (Leichentaube) hraiva-dubo.
Hahn hana (der Hahn krähte hana vopida; hana hrukida).
Sperling sparva.
Natter nadrs.
Schlange vaurms.
Made maþa.
Motte malo.
Heuschrecke þramstei.
Skorpion skaurpjo.

4*

4. Körperteile.

Leib leik.
Blut bloþ.
Glied liþus, fera.
Gelenk ga-viss.
Kopf haubiþ.
Haar tagl.
Haupthaar skuft.
Zopf flahta.
Gesicht andavleizn, and-vairþi, vlits, ludja, and-augi.
Auge augo.
Thräne tagr.
das Weinen grets.
Schlaf sleps.
Backen kinnus.
Backenstreich slahs lofin.
Ohr auso.
Gehör hliuma, hliuþ.
Lippe vairilo.
Kuß frijons, ga-frijons, er küßte ihn kukida imma.
Mund, Maul munþs.
Rede maþleins.
Sprache razda, vairilo.
Stimme stibna.
Speichel spai-skuldr.
Zahn tunþus.

Zunge tuggo.
Hunger huhrus, gredus.
Durst þaurstei.
Runzel mail.
Hals hals, balsagga.
Nacken? balsagga.
Schulter amsa.
Brust brusts, p.
Herz hairto.
Arm arms.
Hand handus, die flache — lofa.
die Rechte taihsvo.
die Linke hleiduma.
Finger figgrs.
Bauch vamba.
Mutterleib kilþei, qiþus.
Magen suþns, qiþus.
Eingeweide hairþra.
Schoß barms.
Vorhaut faura-filli.
Hüfte hups.
Knie kniu.
Fuß fotus.
Schritt grids.
Fall drus.
Ferse fairzna.

5. Krankheiten.

Krankheit sauhts, siukei, un-haili.
Heilung le(i)kinassus.
Genesung ga-nists.
der Besessene daimonareis.
Fieber heito, brinno.
Gichtbrüchiger us-liþa.
Taubheit daubiþa, daubei.
Aussatz þruts-fill.

Salbe salbons.
Krebs gunds.
Blutfluß runs bloþis.
Wunde vundufni, banja.
Narbe stak.
Eiter gunds.
Geschwür banja, gunds.
Auswurf us-vaurpa.

6. Der Mensch, von der Wiege bis zur Bahre.

Mensch manna.
Person and-vairþi.
Geburt ga-baurþs.
Bad þvahl.
Geburtstag mel ga-baurþais.
Geburtsort ga-baurþs.
Name namo.

Knäbchen magula.
Knabe magus.
Mägdlein mavilo.
Mädchen mavi.
Jüngling jugga-lauþs.
Jungfrau magaþs.
Freund frijonds.

Freundin frijondi.
Gastfreund vairdus.
Gast gasts.
Gruß goleins.
Kuß frijons, ga-frijons.
Feind fijands.
die Alten sinistans.
das Alte þo alþjona.
Tod dauþus.
der Tote naus.

Leichnam leik.
Begräbnis ga-filh, us-filh.
Bahre hvilftri, im p.
Sarg hvilftri, im p.
Grab hlaiv, aurahi.
Gräber hlaivasna.
Kreuz galga.
Kranz vipja, vaips.
das Sterbliche þata divano.

7. Gesell und Aehnliches.

Gesell ga-man, ga-daila.
Genoß ga-hlaibs, ga-juka, gajuko.
Hausgenosse in-gardja, ga-dauka, inna-kunds.
Stammesgenosse in-kunja.
Reisegefährte ga-sinþa, miþ-ga-sinþa.
Reisegesellschaft ga-sinþos, p.
Begleiter ga-laista.
Nachfolger ga-laista.
der Nächste nehvundja.
Mitarbeiter ga-vaurstva.
Mitknecht ga-skalki.

Miteinverleibter ga-leika.
Mitmensch ga-man.
Mitbürger ga-baurgja.
Mitjünger ga-hlaiba.
Nachbar ga-razna, bi-sitands.
Nachbarin ga-razno.
Grenznachbarin ga-marko.
Nachahmer miþ-ga-leikonds, ga-leikonds.
Amtsgenosse ga-hlaiba, ga-hlaibs.
Miterbe ga-arbja.
Teilnehmer ga-mainja, ga-daila.

8. Verwandtschaft.

Vorfahr airiza, atta.
Mann vair, manna, guma.
Bräutigam bruþ-faþs.
Braut bruþs.
Ehe liuga.
Ehemann aba.
Eheweib qens.
Beilager ga-ligri.
Schwiegervater svaihra.
Schwiegermutter svaihro.
Schwiegersohn megs.
Schwiegertochter bruþs.
Eltern berusjos, fadrein.
Vater atta, fadar, papa.
Mutter aiþei.
Familie gards.
Nachkomme barn.
Nachkommen fraiv.
Kind barn, magus, niuklahs, frasts.

Kindlein barnilo.
Sohn sunus.
der Erstgeborner fruma-baur.
der Eingeborne aina-baur.
Tochter dauhtar.
Bruder broþar.
Brüder broþrahans.
Schwester svistar.
Verwandter niþjis, ga-niþjis, gadiliggs.
die Verwandte niþjo.
Vetter niþjis, gadiliggs.
Base niþjo.
Großmutter avo.
Kindeskinder, Enkel barne barna.
Wittwe viduvo.
der Verwaiste viduvairna.
Erbe arbja, arbi-numja.
Erbin arbjo.
Erbschaft arbi, hlauts.

9. Geist und Herz.

Verstand aha, frodei, fraþi, hugs, ga-hugds.
Verständigkeit ga-fraþjei.
Gedanke mitons, ga-mitons, muns.
Kenntnis vitubni, kunþi.
Weisheit handugei, snutrei.
Klugheit frodei.
Schlauheit filu-deisei.
Thorheit dvaliþa, un-viti, un-frodei.
ein Unverständiger un-vita.
Vorurteil faur-domeins.
Zweifel tveifls.
Verstandesverwirrung fraþja-marzeins.
Freude faheþs, svegniþa, ansts.
Fröhlichkeit hlasei.
Unlust un-lustus.
Traurigkeit gauriþa, gaurei, trigo.
Trübsal aglo, agliþa, aggviþa.
Trost þrafsteins, ga-þrafsteins, ga-þlaihts, laþons.
Schmerz vunns, agliþa.
Sorge saurga, kara.
Mut mods.
Hoffnung vens, lubains.
Furcht faurhtei, agis.
Schrecken us-filmei, reiro, agis.
Staunen silda-leik, us-filmei.
Beschämung aiviski.
Wille vilja, lustus.
Begierde lustus, gairnei.
Sehnsucht gairnei.
Liebe, Zuneigung friaþva, brusts, vilja-halþei.
Haß hatis.
Neid neiþ.
Zorn þvairhei, mods, un-verei, jiuka.

10. Religion und Sittlichkeit.

Götze galiuga-guþ.
Götzen guþa, guda.
Götzenbild ga-liug.
Götzendiener ga-liugam skalkinonds.
Heide Kreks.
Heidin haiþno.
die Heiden þai þiudo, þiudos, p.
falscher Christus ga-liuga-Kristus, —
Gott ga-liuga-guþ, — Apostel ga-liuga-apaustaulus, — Prophet ga-liuga-praufetus, — Bruder ga-liuga-broþar.
Lügenprophet liugna-praufetus.
Teufel diabaulus, skohsl, un-hulþa, un-hulþo.
böser Geist skohsl.
Unhold un-hulþa, un-hulþo.
Hölle halja.
Engel aggilus.
Erzengel ark-aggilus.
Paradies vaggs.
Gott guþ.
Allmächtiger all-valdands.
Mittler midumonds.
Tröster parakletus.
Gottesgestalt guþa-skaunei.
Gebet bida, uf-bloteins.
Gottesdienst blotinassus.
Gottesverehrer guþ-blostreis.
Glaubensgenosse sves ga-laubeinai.
Apostel apaustaulus.
Evangelist aivaggelista.
Verkündiger spilla.
Sprecher faura-maþleis.
Wunderzeichen faura-tani, taikns.
Evangelium aivaggeli, aivaggeljo.
Schrift ga-meleins, mela, p. bokos, p. þata ga-melido, þata ga-meliþ.
Schriften mela.
Kirche aikklesjo.
Schaubrote hlaibos faur-lageinais.
Tempelschatz kaurbanus.
Beschneidung bi-mait.
Vorhaut un-bi-mait.
Fleisch leik.
der leibliche Herr sa bi leika frauja.
Fasten, das fastubni, laus-qiþrei.
Predigt mereins, vaila-mereins.
Leseabschnitt für den Gottesdienst laiktjo.
Psalm psalma, psalmo.
Lobgesang hazeins.
Opfer sauþs, hunsl.
Brandopfer ala-brunsts.
Rauchopfer þymiama.
Fest dulþs.
Sabbat sabbatus, sabbato.

Nachsabbat afar-sabbatus.
Fest der Erneuerung des Tempels inniujiþa.
Osterfest dulþs.
Laubhüttenfest hleþra-stakeins.
Almosen arma-hairtiþa, armaio.
Testament triggva.
Sünder missa-taujands, fra-vaurhts, ubil-tojis.
Uebelthäter vai-dedja.
Sünde fra-vaurhts, missa-deds.
Schlechtigkeit, Bosheit un-selei, balvavesei.
Gottlosigkeit af-gudei.
Unglaube un-ga-laubeins.
Wandel us-met.
Versuchung fraistubni.
Verführung us-vandeins, airzei, airziþa.
Verführer airzjands.
Mörder mana-maurþrja, vai-dedja.
Mord maurþr.
Rächer fra-veitands.
Räuber vilva, vai-dedja.
Raub vulva.
Dieb þiubs, hliftus.
Diebstahl þiubi.
der Meineidige ufar-svara.
Verräter fra-levjands, ga-levjands.
Verleumderin diabula.
Verleumdung bi-rodeins.
Heuchler liuta.
Heuchelei liutei, lita.
Laurer ferja.
Betrug faih,bi-faiho,liutei,af-marzeins, airziþa, airzei.
Verschlagenheit, Arglist varei, lists, liutei, hindar-veisei.
Lästerer ubil-vaurds.
Lügner liugnja, liugna-vaurds.
Lüge liugn, ga-liug.
Ehebrecher hors.
Hure kalkjo.
Hurerei kalkinassus, horinassus.
Unzucht aglaitei, aglaiti, ligrs.
Wollust ga-baurjoþus, azeti.
Zügellosigkeit us-stiurei.
Unenthaltsamkeit un-ga-hobains.
Trunkenheit, Völlerei drugkanei.
Trinker,Trunkenbold af-drugkja, veinadrugkja.

Fresser af-etja.
Verschwendung fra-qisteins.
Habsucht faihu-gairnei, faihu-geigo, faihu-frikei, bi-faiho.
Wucher vokrs.
streitsüchtiger Mensch bi-haitja.
Streitsucht þrasa-balþei.
Zank haifsts.
Lästerung naiteins, ana-qiss, vajamereins.
Schmähung ana-mahts.
Ungehorsam ufar-hauseins.
Verstocktheit daubei, daubiþa.
Hochmut uf-svalleins, hauh-hairtei.
Eitelkeit us-vissi.
Prahler bi-haitja.
Wette vadi.
Kleinmut niu-klahei.
der Unbankbare launa-vargs.
Ungerechtigkeit un-ga-raihtei,in-vindiþa.
eine Unthätige un-vaurstvo.
Unreinigkeit un-hrainei, un-hrainiþa.
Frömmigkeit ga-gudei.
Tüchtigkeit, Tugend godei, vairþida.
Gerechtigkeit ga-raihtiþa, ga-raihtei, us-vaurhts.
Aufrichtigkeit hlutrei, hlutriþa.
Demut hauneins.
Bescheidenheit ana-viljei.
Gehorsam uf-hauseins.
Gedulb stiviti, þulains, us-þulains, us-beisns, us-beisnei.
Langmut lagga-modei.
Beharrlichkeit, Ausdauer us-daudei.
Furchtlosigkeit un-agei.
Kühnheit balþei.
Sanftmut, Milde qairrei, muka-modei, mildiþa, selei.
Barmherzigkeit arma-hairtei, armahairtiþa, armaio, bleiþei.
Reinheit hrainei, airkniþa, svikniþa, sviknei.
Unbeflecktheit un-vammei.
Lauterkeit hlutrei, hlutriþa.
Keuschheit sviknei, svikniþa.
Ehrbarkeit ga-riudi.
Sittsamkeit in-ahei, ana-viljei.
Schamhaftigkeit ga-riudjo.
Nüchternheit in-ahei.
Sparsamkeit ga-þagki.

11. Stadt und Land.

Stadt baurgs.
Stadtmauer baurgs-vaddjus.
Graben graba.
Tempel alhs, gud-hus.
Bethaus gards bido, razn bido.
Götzentempel ga-liuge-staþs.
Vorhof rohsns.
Gerichtshaus praitoria, praitoriaun.
Richterstuhl staua-stols.
Gericht staua, ga-faurds.
der Richter staua.
Gesetz vitoþ.
Gegner vor Gericht anda-staua.
Zeuge veitvods.
Augenzeuge silba-siuneis.
falscher Zeuge ga-liuga-veitvods.
Scheidebrief bokos af-sateinais, bokos af-stassais.
Gefängnis, Kerker karkara.
Gefangener bandja, fra-hunþans.
Fessel, Bande kuna-vida, bandi, naudi-bandi.
Fußfessel fotu-bandi.
Fußfesseln þo ana fotum eisarna ga-bugana.
Eisenbande eisarna-bandi.
Lösegeld lun.
Galgen galga.
Zollhaus mota, mota-staþs.
Herberge saliþvos, p.
Rennbahn spaurds
Burg baurgs.
Turm kelikn.
Zinne gibla.
Straße plapja, ga-runs.
Gasse gatvo, gaggs, faura-dauri.
Markt maþl.
Mitte miduma.
Versammlungsplatz maþl.
Versammlung ga-faurds, ga-qumþs.
Haufen hiuhma.
Schar hansa, tevi.
Menschenmenge mana-seþs.
Getümmel, Lärm auhjodus.
Brunnen brunna.
Haus razn, gards.
Gebäude ga-timrjo.
Hauswesen gards.
Haushalter faura-gaggja, faura-gagga.
Hausherr heiva-frauja, garda-valdands.
Grundfeste tulgiþa.
Grundmauer grundu-vaddjus.
Eckstein haubiþ vaihstins, vaihsta-stains.
Scheidewand miþ-garda-vaddjus, faþa.
Ecke vaihsta.
Giebel gibla.
Balken ans.
Splitter gramst.
Dach hrot.
Ziegel skalja.
Thor dauro, daur.
Thür haurds.
Pforte daur.
Klingel, Schelle klismo.
Stufe grids.
Halle ubizva.
Säule sauls.
Wohnung saliþvos, p. bauains.
Zimmer saliþvos.
oberstes Geschoß kelikn.
Speisezimmer saliþvos.
Kammer heþjo.
Fenster auga-dauro.
Schmauserei ga-baur, dauhts.
Mittagsmahl undaurni-mats
Lager am Tisch kubitus.
Abendmahl nahta-mats.
Nachtessen nahta-mats.
Speise mats, fodeins, hlaibs.
Unterhalt anda-vizns.
gute Kost vaila-vizns.
vergängliche Speise mats fralusans.
Ueberbleibsel laiba.
Brocken ga-bruka, drauhsna.
Brot hlaibs.
Manna manna.
Teig daigs.
Sauerteig beist.
Milch miluks.
Honig miliþ.
Essig akeit.
Oel alev.
Senf sinap.
Becher, Kelch stikls.
Trank dragk.
Weintrinker veina-drugkja.
Narr dvala.
Possen saldra.
Tanz laiks.

Schauspiel fair-veitl.
Rätsel fri-sahts.
Kessel katils.
Ofen auhsns.
Feuer fon, funa.
Kohle hauri.
Kohlenfeuer haurja, p.
Holz triu.
Asche azgo.
Stuhl stols.
Sitz sitls.
Fußbank fotu-baurd.
Tisch biuds.
Tafel mes.
Bild man-leika.
Bett badi, ligrs.
Lager ligrs.
Hülle, Decke hulistr.
Leinwand lein.
feine Leinwand byssus, saban
Kopfkissen vaggari.
Vorhang faur-hah, faura-hah.
Schuh skohs.
ein Paar Schuhe ga-skohi.
Sohle suljo.
Lappen plats.
Lederriemen skauda-raips.
Kleidung vastjos, p. ga-feteins, ga-vaseins.
Kleid vasti, snaga.
Zipfel am Kleide skauts.
Stück Zeug fana.
Rock paida.
Mantel hakuls, snaga.
Fleck vamm.
Gürtel gairda.
Tasche, Speisetasche mati-balgs.
Schweißtuch fana, aurali.
Schwamm svamms.
Krug aurkeis, kas.
Schüssel mes.
Spiegel skuggva.
Kasten arka.
Nadel nepla.
Oehr pairko.
Leuchter lukarna-stapa.
Licht liuhap, liuhadei(ns), lukarn.
Leuchte lukarn, skeima.

Fackel hais.
Korb tainjo, snorjo, spyreida.
Tinte svartis svartizl.
Schreibtafel spilda.
Buchstabe boka, bok.
Punkt vrits, stiks.
Strich striks.
Brief bokos, aipistaule
Urkunde bokos.
Handschrift vadja-bokos, p.
Pergamentrolle maimbrana.
Buch bokos.
Stelle in einem Buche staps.
Weg vigs, staiga.
löcherichter Weg us-drusts.
Spur laists.
Dornstrauch aihva-tundi.
Dorn þaurnus.
Wegdistel viga-deino.
Dorf haims, þaurp.
Flecken veihs.
Hütte hlija, hleiþra.
Landgut hugs.
Zaun faþa.
Hof rohsns.
Pflug hoba.
Keltergrube dal uf mesa.
Schlauch balgs.
Stall garda.
Schafstall avistr.
Herde hairda, vriþus.
Schafherde aveþi.
Krippe uzeta.
Joch juk, jukuzi.
Schlinge, Fallstrick hlamma, vruggo.
Rute vandus.
Stab valus, hrugga.
Stange triu.
Stachel gairu, gazds, hnuto, hnuþo.
Winkel vaihsta.
Loch þairko.
Scheuer bansts.
Dreschtenne ga-þrask.
Worfschaufel vinþi-skauro.
Sichel gilþa.
Art aqizi.
Mühlstein asilu-qairnus.
Zelt hleiþra, hlija.

12. Würden und Berufsarten.

Kaiser kaisar.
König þiudans.
Thron stols.
Krone vaips, vipja.
Purpurkleid paurpura.
Bettler bidagva.
Landpfleger kindins.
Bote airus, apaustaulus, aggilus.
Gesanter airus.
Herr frauja, fraujinonds.
Vorsteher faura-gaggja, faura-gagga, faura-maþleis, faura-stasseis, faurstasseis.
Diener andbahts, skalks, þius, p. þevisa.
Knecht skalks, þius, p. þevisa, þiumagus, magus.
Magd þivi.
Mietling asneis.
Tagelöhner asneis.
Arbeiter vaurstva, vaurstvja.
Werk vaurstv, taui, ga-digis.
Bürger baurgja.
Ackersmann airþos vaurstva, airþos vaurstvja.
Fischer fiskja, nuta.
Netz nati.
Fang ga-fahs.
Schiff skip.
Hinterteil des Schiffes nota.
Hirt hairdeis.
die Hirten þai haldandans.
Fleischer skilja.
das Schlachten slauhts.
Fleisch mimz, mammo?
Fett smairþr.
Wolle vulla.
Gastwirt vairdus.
Gärtner aurtja.
Töpfer kasja.
Former deigands.
Tuchwalker vullareis.
Zimmermann timrja.
Bauleute timrjans, p.
Axt aqizi.
Schmied aiza-smiþa.
Flötenspieler sviglja.
Pfeifer sviglja.
Hornbläser haurnja.
Sänger liuþareis.

Musik, Saitenspiel saggveis, p.
Horn haurn, þut-haurn.
Trompete, Posaune þut-haurn.
Gesang saggvs.
Schall drunjus
Zöllner motareis.
Oberzöllner faura-maþleis motarje.
Steuer, Abgabe gilstr, ga-baur, gild, kaisara-gild.
Zoll mota.
Geldwechsler skattja.
Thürhüter daura-vards.
Thürhüterin daura-varda, daura-vardo.
Wache vahtvo, vardjans, p.
Wächter vardja.
Soldat, Kriegsknecht ga-drauhts.
Kriegsleute militondans, p.
Späher spaikulatur.
Waffen sarva, p; vepna, p.
Panzer brunjo.
Rüstung sarva, p.
Helm hilms.
Schwert hairus, meki.
Scheide fodr.
Schild skildus.
Pfeil arhvazna.
Lager bi-baurgins.
Heer harjis.
eine Abteilung von fünfzig tevi.
Krieg vigans.
Kriegsdienst drauhtinassus, drauhtivitoþ.
Sieg sigis, sihu.
Siegeslohn sigis-laun.
Gefangener bandja, fra-hunþans.
Hauptmann hunda-faþs.
Oberst þusundi-faþs.
Gesetzeskundiger vitoda-fasteis.
Gesetzlehrer vitoda-laisareis.
Satzung stabs.
Ratsherr ragineis.
Priester veiha, gudja.
Oberpriester ufar-gudja.
Prophet praufetus, praufetes.
Prophetin prauſeteis.
Oberster faura-maþleis.
Ratgeber ragineis.
Vorsteher der Synagoge synagoga-faþs.
Diakon diakaunus.
Bischof papa, aipiskaupus.

Hohepriester reikista gudja, ufar-gudja, gudja.
Schriftgelehrter bokareis, vitoda-laisareis.
die Aeltesten sinistans, praizbytairei.
Arzt le(i)keis.
Forscher sokareis.
Lehrer, Meister laisareis, talzjands.
Beispiel fri-sahts.
Fabel spill.
Schüler, Jünger siponeis.
Lehrling laisiþs.

13. Geld (Schmuck) Mass, Gewicht.

die Kosten manviþos, p.
Jahrgeld anno.
Sold laun, anno.
Handgeld vadi.
Mammon mammona.
Geld faihu, skatts, aiz, silubr.
Geldkasten arka.
Geldbeutel puggs.
Schuldner skula, faihu-skula, dulgis-skula.
Gläubiger dulga-haitja.
Rechnung raþjo.
Verkaufsurkunde fra-bauhta-boka.
eine Verkaufsurkunde über vier Unzen Landes fra-bauhta-boka fidvor unkjane hugsis.
Pfandbrief vadja-bokos, p.
Geldstück skatts.
Heller kintus.
Pfennig assarjus.
Pfund daila, skatts.
Silberling silubrein, skatts.
Silberlinge silubra, p.
Sekel sikls.
Schilling skillings.
Schatz huzd.
Loos hlauts.
Silber silubr.
Gold gulþ.
Schmuck ga-feteins.
Perle marikreitus.
Fingerring figgra-gulþ.
Siegel sigljo.
Unze unkja.
Maß mitaþs, mitadjo.
Pfund pund.
Scheffel mela.
Elle aleina.
Stadium spaurds.
Meile rasta.
Zahl raþjo.
Paar juk, ga-juk.

14. Einige Eigenschafts- und Umstandswörter.

A. Farben.

Es sind nur belegt die deutschen Farben:
schwarz svarts, weiß hveits, rot rauds.

B. Stoffbezeichnungen.

hölzern triveins.
irden airþeins.
steinern staineins.
steinig stainahs.
eisern eisarneins.
silbern silubreins.

C. Einige Gegensätze.

a) ohne unmittelbaren Bezug auf den Menschen.

viel manags, mikils (filu).
voll fulls.
schwer kaurus.
schwierig aglus.
breit braids, rums.
wenig faus, leitil.
leer laus.
leicht leihts.
leicht azêts, raþs.
eng aggvus, schmal þraihans.

groß mikils.
alt alþeis, fairneis, sineigs.

hoch hauhs.
tief diups.
lang laggs.
stark svinþs, mikils.

hart hardus.
bitter baitrs.
heilsam hails.
hell bairhts, liuhadeins.
früh, adv. air.

heute himma daga.
zur Rechten af taihsvon.

klein leitils, smals, niu-klahs.
jung juggs.
neu niujis.
niedrig hauns, hnaivs.
flach ibns.
kurz leitils.
schwach siuks, lasivs, un-mahteigs, ga-maids.
weich hnasqus, þlaqus.
süß suts, voþeis.
schädlich skaþuls.
dunkel riqizeins.
spät seiþus.
der spätere spediza.
der späteste spedists.
morgen gistra-dagis.
zur Linken af hleidumein.

b) mit Bezug auf den Menschen.

männlich gumeins, guma-kunds, adv. vaira-leiko.
vornehm reiks, goda-kunds.
reich gabigs.
(incognito analaugniba.)
hochmütig mikil-þuhts, hauh-þuhts, hauh-hairts.
gesund hails, svinþs.

weiblich qineins.

gering halks, smals.
arm arms, un-leds, halks, us-haista, ganz — ala-þarba.
demütig hauns.

krank siuks, un-hails.
einäugig haihs.
blind blinds, un-saihvands.
stumm bauþs, dumbs, un-rodjands.
taub daubs, bauþs.
stammelnd stamms.
lahm halts.
aussätzig þruts-fills.
tot dauþs.

lebendig qius.
bekannt kunþs, us-kunþs, svi-kunþs.
freudig hlas, ga-vizneigs.
dreist balþaba, adv.

fremd framaþs, alja-kuns.
betrübt, traurig gaurs, un-vunnands.
furchtsam faurhts.
erschrocken us-agiþs.
entsetzt us-filma.
hungrig hugriþs, gredags.
träge lats, us-grudja.
böse, schlecht ubils, un-sels.

satt saþs.
eifrig us-dauds.
gut gods, þiuþeigs, adv. vaila.
gütig bleiþs, sels.
fromm ga-guds.
verständig, weise snutrs, handugs.

gottlos guda-laus, un-sibjis, un-airkns.
thöricht, unverständig dvals, un-froþs, un-fraþjands.

klug frods, in-ahs.

15. Einige Redensarten und Sprüche.

Deutsch	Gotisch
Wie heißt Du?	Hva (ist)namo þein?
Ich kenne Dich.	Kann þuk.
Alle suchen Dich.	Allai þuk sokjand.
Antwortest Du nichts?	Niu andhafjis ni vaiht?
Was sollen wir sagen?	Hva nu qiþam?
So etwas ist noch nie gesehen worden.	Ni aiv sva uskunþ vas.
Hört mir alle zu.	Hauseiþ mis allai!
Schweig!	þahai!
Warum?	Duhve?
Was haben wir mit Dir zu schaffen?	Hva uns jah þus?
Thust Du nicht dasselbe?	Niu þata samo taujis?
Ich weiß, was Ihr bedürfet.	Vait þatei þaurbuþ.
Verzeiht mir!	Fragibiþ mis þata skaþis!
Ich bins.	Ik im.
Sammelt Euch Schätze!	Huzdjaiþ izvis huzda!
Was meint Ihr?	Hva izvis þugkeiþ?
Das sei ferne!	Nis-sijai!
Es hat keinen Wert für mich.	Ni vaiht mis vulþris ist.
Ich erachte es alles für Dreck.	Domja smarnos visan allata.
Ich habe Wohlgefallen.	Vaila galeikaiþ mis.
Wir wollen uns um uns bekümmern.	Taujam svesa!
Fürchtet Euch nicht vor ihnen.	Ni ogeiþ izvis ins!
Wir führen ein ruhiges und angenehmes Leben.	Slavandein jah sutja ald bauam.
Hier ist gut sein.	Goþ ist unsis her visan.
Wir wollen Haideblumen suchen!	Lisaima blomans haiþjos!
Wasch dein Gesicht!	Ludja þeina þvah!
Strecke deine Hand aus!	Ufrakei þo handu þeina!
Erlaube uns zu gehen!	Uslaubei uns galeiþan!
Gehe in Frieden!	Gagg in gavairþi!
Folge mir nach!	Laistei afar mis!
Ich folge Dir, wohin Du auch gehst.	Laistja þuk þishvaduh þadei gaggis.
Laßt uns gehen!	Gaggam!
Ich warte auf meinen Vater.	Beida attins meinis.
Es ist nicht erlaubt jenen Weg zu gehen.	Ni skuld ist usleiþan þairh þana vig jainana.
Schüttelt den Staub ab von Euren Füßen!	Ushrisjaiþ mulda þo undaro fotum izvaraim!
Sie liefen.	Run gavaurhtedun.
Geh nach Hause!	Gagg du garda þeinamma!
Geh in deine Kammer!	Gagg in heþjo þeina!
Ich schließe meine Thür zu.	Galuka haurdai meinai.
Das Thor ist eng.	þata daur ist aggvu.
Der Landmann säet, erntet und sammelt in die Scheunen.	Landis vaurstvja saiiþ, sneiþiþ jah lisiþ in banstins.
Die Vögel haben Nester,	Fuglos sitlans aigun.
Kauft man nicht zwei Sperlinge für einen Pfennig?	Niu tvai sparvans assarjau bugjanda?
Die Wölfe sind reißend.	Vulfos sind vilvandans.
Die Füchse haben Gruben.	Fauhons grobos aigun.

Die Leibesübung ist nützlich.	Leikeina usþroþeins ist bruks.
Die Kranken bedürfen des Arztes.	þai unhaili habandans þaurbun lekeis.
Die Blinden sehen und die Lahmen gehen, die Aussätzigen werden rein und die Tauben hören.	Blindai ussaihvand jah haltai gaggand, þrutsfillai hrainjai vairþand ja baudai gahausjand.
Er ist wie ein vom Winde bewegtes Rohr.	Ist sva raus fram vinda vagidata.
Sie predigen auf den Dächern.	Merjand ana hrotam.
Wir haben Euch gepfiffen und Ihr wolltet nicht tanzen.	Sviglodedum izvis jah ni plinsideduþ.
Ich eile nach dem Ziele, um den Preis zu gewinnen.	Bi mundrein afargagga afar sigislauna.
Ziehet den Harnisch an!	Gahamoþ izvis sarvam!
Ergreifet den Harnisch!	Nimiþ sarva!
Wir sind mit dem Schwerte umgürtet.	Ufgaurdanai sijum hairau.
Wir sind mit dem Panzer bekleidet.	Brunjon sijum gapaidodai.
Wir sind gestiefelt.	Gaskohai fotum sijum.
Ich ergreife den Schild.	Andnima skildu.
Du nimmst Helm und Schwert.	Nimis hilm jah meki.
Ich ziehe das Schwert.	Usluka hairu.
Auge um Auge, Zahn um Zahn.	Augo und augin, tunþu und tunþau.
Ich habe einen guten Kampf gekämpft.	Haifst þo godon haifstida.
Ich befinde mich schlecht.	Ubilaba haba.
Trinke nicht mehr Wasser, sondern brauche ein wenig Wein, um deines Magens willen, und daß Du oft krank bist.	Ni drigkais þanamais vato, ak veinis leitil brukjais in qiþaus þeinis jah þizo ufta sauhte þeinaizo.
Er ist todkrank.	Siuks ist nehva dauþau.
Er liegt in den letzten Zügen.	Aftumist habaiþ.
Sie werden traurig.	Fravairþand gaurai.
Erbarme Dich unser.	Armai ugkis!
Tröste Dich, mein Kind.	þrafstei þuk, barnilo!
Er hat mich lieber als Dich.	Frijoþ mik ufar þuk.
Er tränkt mich mit einem Becher kalten Wassers.	Gadragkeiþ mik stikla kaldis vatins.
Was sollen wir essen?	Hva matjam?
Wie viel habt Ihr Brote?	Hvan managans habaiþ hlaibans?
Was sollen wir trinken?	Hva drigkam?
Ich bezahle den letzen Heller.	Usgiba þana minnistan kintu.
Ich nehme es mit Freuden.	Mid fahedai nima ita.
Was sollen wir anziehen?	Hvc vasjaima?
Ich berühre sein Kleid.	Atteka vastjai is.
Er saß draußen im Hofe.	Uta sat ana rohsnai.
Die Kinder sitzen auf der Straße.	Barna sitand in garunsai.
Sie stehen an den Straßenecken.	Standand in vaihstam plapjo.
Es ist um drei Uhr.	Ist hveila þridjo.
Es ist um 6 Uhr.	Ist hveila saihsto.
Es ist um 9 Uhr.	Ist hveila niundo.
Laßt uns nicht schlafen.	Ni slepaima.
Der Dieb kommt in der Nacht.	þiubs in naht qimiþ.
Die Diebe stehlen.	þiubos hlifand.
tagtäglich.	Daga jah daga.
Ich überwintere vielleicht bei Euch.	At izvis vaitei vintru visa.
Bereite mir die Herberge!	Manvei mis saliþvos!

Entschlage Dich des alten Weibergeschwätzes!	Usalþanaizo spilla bivandei!
Hüte Dich vor den jungen Wittwen!	Juggos viduvons bivandei!
Die Weiber schmücken sich mit Scham und Zucht, nicht mit Zöpfen oder Gold oder Perlen oder köstlichem Gewand.	Quinons fetjand sik miþ gariudjon jah inahein, ni in flahtom aiþþau gulþa aiþþau marikreitum aiþþau vastjom galubaim.
Die Weiber seien unterthan ihren Männern als dem Herrn!	Qenos seinaim abnam ufhausjaina svasve fraujin!
Der Mann ist des Weibes Haupt.	Vair ist haubiþ qenais.
Ihr Männer, liebet Eure Weiber!	Jus vairos, frijoþ qenins izvaros!
Wer sein Weib liebt, liebt sich selbst.	Saei seina qen frijoþ, jah sik silban frijoþ.
Ich lasse mein Leben für Dich.	Saivala meina faur þus lagja.
Ich heirate (vom Manne).	Liuga.
Ich heirate (von der Frau).	Liugaiþa im.
Ich gebe ihr einen Scheidebrief.	Giba izai afstassais bokos.
Ich schicke mich in die Zeit.	Þata mel usbugja.
Es werden greuliche Zeiten kommen.	Atgaggand jera sleidja.
Ich belustige mich mit meinen Freunden.	Bivisa miþ frijondam meinam.
Er redet thöricht.	Svasve unvita qiþiþ.
Sie sind faule Bäuche.	Vambos latos sind.
Der Bauch ist ihr Gott.	Þize guþs vamba.
Schauet die Hunde!	Saihviþ þans hundans!
Sehet diesen Fresser und Säufer!	Sai, manna afetja jah afdrugkja!
Ich gebe Dir eine Ohrfeige. (ich boxe Dich).	Stauta þuk bi kinnu.
Ich schreibe Euch.	Melja izvis.
Er löscht die Handschrift aus.	Afsvairbiþ vadjabokos.
Es ist überflüssig Euch zu schreiben.	Ufjo mis ist du meljan izvis.
Ich grüße Euch.	Golja izvis.
Es grüßt Euch Paulus.	Goleiþ izvis Paulus.
Ein Gruß von meiner Hand (geschrieben).	Goleins meinai handau.
Freuet Euch in dem Herrn!	Faginoþ in fraujin!
Gott weiß es.	Guþ vait.
Du thust mehr als was ich sage.	Ufar þatei qiþa taujis.
Er hat sich meiner Ketten nicht geschämt.	Naudibandjo meinaizo ni skamaida sik.
Du wirst in den Kerker geworfen.	In karkara galagjaza.
Er ist des Todes schuldig.	Skula dauþaus ist.
Er hat mir viel Böses erwiesen.	Managa mis unþiuþa ustaiknida.
Er ist allen Menschen zuwider.	Allaim mannam andaneiþs ist.
Er hinderte mich.	Analatida mik.
Niemand war mit mir.	Ni manna mis miþ vas.
Alle verließen mich.	Allai mis biliþun.
Ich will es ihnen nicht anrechnen.	Ni rahnjaidau im.
Ich habe vergeblich an Euch gearbeitet.	Svare arbaidida in izvis.
Es kann niemand einem Starken in sein Haus fallen, und seinen Hausrat rauben; es sei denn, daß er zuvor den Starken binde.	Ni manna mag kasa svinþis galeiþands in gard is vilvan, niba faurþis þana svinþan gabindiþ.
Im Frieden begraben die Söhne ihre Väter.	In gavairþjai þai sunjus gafilhand attans seinans.

Im Kriege begraben die Väter ihre Söhne.	In vigana þai attans gafilhand sununs seinans.
Jesus Christus war Euch vor die Augen gemalt.	Jesus Xristus izvis faura augam faura-meliþs vas.
Ich ziehe den alten Menschen aus.	Afslaupja þana fairnjan mannan.
Ich ermahne die Ungezogenen.	Talzja þans ungatassans.
Ihr habt uns zum Vorbilde.	Habaiþ frisaht unsis.
Ich bin nicht gekommen den Frieden zu bringen sondern das Schwert.	Ni qam lagjan gavairþi ak hairu.
Ich bin gekommen den Menschen zu erregen wider seinen Vater und die Tochter wider ihre Mutter und die Schwiegertochter gegen die Schwiegermutter.	Qam skaidan mannan viþra attan is jah dauhtar viþra aiþein izos jah bruþ viþra svaihron izos.
Es wird sein Heulen und Zähnklappen.	Vairþiþ grets jah krusts tunþive.
Seid dankbar!	Aviliudondans vairþaiþ!
Du sollst Vater und Mutter ehren.	Sverai attan þeinana jah aiþein þeina.
Ihr Kinder, seid gehorsam den Eltern in allen Dingen!	Barna, ufhausjaiþ fadreinam bi all!
Sei nicht hoffärtig!	Ni hugei hauhaba!
Rede was sich ziemt!	Rodei þatei gadof ist!
Lüget nicht unter einander!	Ni liugaiþ izvis misso!
Thue nichts nach Gunst!	Ni vaiht taujais bi viljahalþein!
Werdet nicht unverständig!	Ni vairþaiþ unfrodai!
Saufet Euch nicht voll Weins!	Ni anadrigkaiþ izvis veina!
Prüfet alles und das Beste behaltet!	All uskiusaiþ; þatei goþ sijai, gahabaiþ!
Fülle dein Amt aus!	Andbahti þein usfullei!
Duldet nicht wieder das Joch der Knechtschaft!	Ni aftra skalkinassaus jukuza usþulaiþ!
Der Geiz ist die Wurzel alles Uebels.	Vaúrts allaize ubilaize ist faihugeigo.
Ein wenig Sauerteig versäuert den ganzen Teig.	Leitil beistis allana daig distairiþ.
Du sollst dem Ochsen, der da drischt, das Maul nicht verbinden.	Auhsin þriskandin munþ ni faurvaipjais.
Ein Arbeiter ist seines Lohnes wert.	Vairþs sa vaurstva mizdons is.
Wenn einer nicht will arbeiten, der soll auch nicht essen.	Jabai hvas ni vili vaurkjan, nih matjai.
Den Reinen ist alles rein.	All hrain hrainjam.
Unsere Wohnung ist im Himmel.	Unsara bauains in himinam ist.
Wie schön sind die Füße derer, die den Frieden verkündigen!	Hvaiva skaunjai fotjus þize spillondane gavairþi!
Alle Dinge sind möglich dem, der da glaubet.	Allata mahteig þamma galaubjandin.
Der Jünger ist nicht über seinem Meister.	Nist siponeis ufar laisarja, nih skalks ufar fraujin seinamma.
Ein Prophet gilt nichts in seinem Vaterlande.	Nist praufetus nnsvers niba in gabaurþai seinai.
Der Herr kennt die seinen.	Kunþa frauja þans þaiei sind is.
Die Ernte ist groß, aber wenige sind der Arbeiter.	Asans raihtis managa, iþ vaurstvjans favai.